美国征收法的起源及其现代制度建构

孙聪◎著

经济日报 出版社

图书在版编目（CIP）数据

美国征收法的起源及其现代制度建构 / 孙聪著 . --
北京 : 经济日报出版社 , 2018.6
　　ISBN 978-7-5196-0380-9

　　Ⅰ . ①美… Ⅱ . ①孙… Ⅲ . ①土地征用－土地法－研
究－美国 Ⅳ . ① D971.223

　　中国版本图书馆 CIP 数据核字 (2018) 第 118560 号

美国征收法的起源及其现代制度建构

作　者	孙　聪
责任编辑	门　睿
出版发行	经济日报出版社
地　址	北京市西城区白纸坊东街 2 号 (邮政编码 :100054)
电　话	010-63567961（编辑部）　　63567692（发行部）
网　址	www.edpbook.com.cn
E－mail	edpbook@126.com
经　销	全国新华书店
印　刷	北京市金星印务有限公司
开　本	710×1000mm　1/16
印　张	12
字　数	188 千字
版　次	2018 年 10 月第一版
印　次	2018 年 10 月第一次印刷
书　号	ISBN 978-7-5196-0380-9
定　价	58.00 元

目录

导　论

一、选题意义

美国的财产征收法律制度自有其独特之处，一方面是其独特的表现形式、历史发展过程和独特的制度创新，另一方面是其在美国现代化过程中的重要作用。正是前述两点，使其既区别于美国的其他法律制度，又有别于其他发达国家的征收法律制度。

第一，美国财产征收法律制度具有突出的"法官造法"的特征。美国的财产征收法律制度发端于联邦宪法中的"征收条款"。但是仅就此条款而言，其内容简略而语义含糊，实难称之为制度。而如今，在持续逾一百年的征收司法实践中，美国各级法院的法官通过司法解释，逐渐将征收法发展成为以征收条款为核心，以国家征收、管理性征收和司法征收为形式的复杂法律制度。

第二，美国财产征收法律制度在整个美国法体系中具有特殊的地位。美国人尊重并保护私有财产权。但财产权仍有其界限，而时常受到限制。其中，征收权（eminent domain）是最为极端的限制手段。征收法则以规范政府合法行使征收权为手段，保护私有财产权。同时，它也划定了合法行使私有财产权界限。因此，现代美国财产征收法同时具有公法和私法的属性。管理性征收和司法征收就是最为典型的表现。总之，历史地看，美国财产征收法律制度的变迁，突出地表现了公法和私法在现代化过程中的互动与融合。

第三，美国财产征收法律制度有力地促进了美国的现代化。现代化的持续动力来源于市场制度和社会制度之间的张力。在美国的情境中，征收法充当了此张力的减压阀。它一方面持续地将各种新生的财产权纳入到既有的财产法体系中，另一方面又将政府对财产权的新管理手段置于征收法的管辖之下，从而使张力不至于无限扩大，并最终导致市场和社会的双重崩溃。

此外，美国学者研究的不完善也进一步赋予了本研究理论上的意义。美国学者基于内部视角，在实用主义哲学的引领下，对征收法进行了深入且卓越的专题研究。但囿于实用主义哲学，鲜有学者系统地研究该法律制度的历史变迁及其历史意义。因此，本研究的理论意义还体现为整合前人优秀的研究成果，以对美国征收法律制度进行体系化的论述。

二、国内外研究现状综述

美国征收法是中美相关领域学者关注和研究的热点。但是，由于各自的国情不同，中美学术界对于美国征收法的研究呈现出不同的特点。总体看来，国内学术界对美国征收法的研究以学习借鉴其先进的立法经验和理念、完善的法律制度框架，进而建立并完善我国征收法律制度为目的。因此，相关的研究成果集中于宪法学、行政法学领域，并以描述引介为主。英美学者，特别是美国学者，由于研究的对象就是其本国法，因而更关注美国征收法面临的具有现实性和根本性的问题。相关研究除了涉及宪法、行政法，还更多地涉及财产法，甚至是环境法等法学学科。

（一）美国研究现状

美国学者对于美国征收法的研究文献可谓卷帙浩繁、汗牛充栋。但是，在实用主义至上的美国法律界，这些研究多是为了解决法律运行中的各种实际问题，鲜有以征收法律制度之发展历史为主题的研究。因此，若将范围限定为美国征收法之历史发展，及其根本的、重大的理论问题，那么获取的研究文献不仅与本文的主题密切相关，而且更能体现美国学者对征收法之重大问题的争鸣。

在美国，长期关注征收法律制度发展，并对其进行专题性研究的学者主要有：约瑟夫·萨克斯 (Joseph. L. Sax)、理查德·艾珀斯坦 (Richard. A. Epstein)、威廉·特雷纳 (William. Michael. Treanor)、卡罗尔·罗斯 (Carol. M. Rose)、弗兰克·米歇尔曼 (Frank. I. Michelman)、伊利亚·索明 (Ilya. Somin)、约翰·艾彻维利亚 (John. D. Echeverria) 等人。他们在研究本国的征收法时，通常将征收条款作为一个整体进行论述，既阐释"公共使用"，也论证"合理赔偿"。但是，由于实务导向的研究风格，这些学者通常将征收条款与不同的主题相结合进行研究，以解决实际问题。总体而言，这些主题即是现代美国征收法的三种基本模式：国家征收、管理性征收和司法征收。

1. 国家征收的研究

国家征收实际上是征收条款在现代世界的制度表现形式之一。美国学者在研究国家征收时，通常以构成要件为切入点。因此，他们是在征收条款 (Taking Clause) 的框架中，将"公共使用"与"合理赔偿"视为相互联系的整体进行论述。在这方面比较有代表性的研究主要包括弗兰克·米歇尔曼 (Frank. I. Michelman) 的《财产权、功利和公平：论"合理赔偿"法的道德基础》[①]，约瑟夫·萨克斯 (Joseph. L. Sax) 的《征收与治安权》[②]，理查德·艾珀斯坦 (Richard. A. Epstein) 的《征收：私有财产和征收权》[③]，以及威廉·特雷纳 (William. Michael. Treanor) 的《征收条款的原始含义和政治程序》[④]。

约瑟夫·萨克斯在《征收与治安权》中提出了"企业功能"(enterprise capacity) 论，以区分征收和规制。他认为，当政府通过规制私有财产提高了政府企业的经济价值，且损害了被规制者合法财产的经济价值时，该行政行为就是征收，政府必须给予被规制者赔偿；当某行政行为是为了解决社会私有领域中的冲突，以增进公共利益时，该行为就是基于治安权的规制，因而不需要给予赔偿。萨克斯据此认为，征收条款中的"公共使用"应当是指公民能够直接使用被征收的财产，且政府不得将其对此财产的所有权转让给不具备公共属性的第三人。

理查德·艾珀斯坦则认为，公共使用条款的含义与洛克的政治理论一脉相承，即政府行使权力旨在确保政治共同体产生的利益在全体成员之间合理分配，而不会落入少数人之手。"公共使用"正是为了确保政府出于公共利益行使征收权，最终使财产被征收者可以获得合理的收益分配。因此，征收只要能够促进整体福

---

① See, Frank. I. Michelman, Property, Utility, and Fairness: *Comments On the Ethical Foundations of"Just Compensation" Law*, 80 Harv. L. Rev. 1165 (1967).

② See, Joseph. L. Sax, *Takings and The Police Power*, 74 Yale L. J. 36 (1964).

③ See, Epstein. R. (1985). Takings: *Private Property and the Power of Eminent Domain. Cambridge*, MA: Harvard University press.

④ See, William Michael Treanor, *The Original Understanding of the Takings Clause and the Political Process*, 95 Colum. L. Rev. 782(1995).

利的增长，并使被征收人因此而获得合理赔偿，就符合公共使用的要求。

威廉·特雷纳在《征收条款的原始含义和政治程序》一文中提出，对征收条款的理解应当部分地回归麦迪逊的立法原意，并以此为框架，整合实务界和理论界对征收条款之功能的不同理解。他认为，麦迪逊起草征收条款的意图在于防止政治程序的失败。因此，公共使用包含两层含义：第一，公共使用条款指财产被征收后，新的所有者必须具备公共属性。第二，公共使用还指财产被征收后，必须以惠及全体公民的方式使用。特雷纳据此提出，在满足第一层含义的前提下，不论是直接使用，还是间接使用，都具有历史赋予的合法性和权威性。

丹尼尔·凯利 (Daniel. B. Kelly) 在《征收法中的"公共使用"要件》[①] 一文中认为，学界过度关注"使用"之形式的实质是对征收条款的误读。他主张，所有依据征收条款实施的征收都不存在"私人征收"的问题。原因有二：第一，私主体通常以隐名购买的方式集中土地，而不需要如政府一般通过征收权克服土地买卖中的拒绝出让行为。第二，私主体无力影响和扭曲征收程序，以使国家征收变为私人征收。因此，当代法院对"公共使用"的扩张解释并无不妥。

弗兰克·米歇尔曼则在其论文《财产权、功利和公平：论"合理赔偿"法的道德基础》探讨了征收条款的另一个构成要件——"合理赔偿"。他认为，公平是确定合理赔偿的唯一标准。虽然当代法院在判定征收的合理赔偿金数额时，常常也以公平论证判决的合法性，但这并非宪法所欲之公平。详言之，当代以法院为中心确定征收赔偿的实践是错误的。因为，这样就限制了立法机关和行政机关发挥作用的空间。然而，征收赔偿的合法性，要求决策过程直接反映社会目的 (society' spurpose)。因为社会目的的性质决定了被征收者是否应当获得赔偿，也即对于被征收者和全体社会成员而言，该赔偿是否公平。简言之，合理赔偿等于合理的社会目的，合理的社会目的即是宪法所欲之公平。因此，米歇尔曼认为，若要实现这种公平，就必须改变以法院为中心的决策规则。

上述研究成果表明，美国学者在研究国家征收时，将更多的热情倾注于对"公共使用"的探讨。这实际上是征收条款和国家征收的发展历史在理论界的真实反

---

① See, Daniel. B. Kelly, The Public Use Requirement in Eminent Domain Law: *A Rationale Based on Secret Purchases and Private Influence,* 92 Cornell. L. Rev. 1 (2006).

映。历史地看，不论是征收条款，还是以其为核心的国家征收，其整个流变过程都是围绕法院对"公共使用"的解释活动而展开的。自殖民地时期起，法院就将"公共使用"先后解释为实际的使用和形式的适用。这正是美国学术界对于"公共使用"的内涵存在巨大分歧的历史根源。这些分歧实质是美国政治传统中多元化的意识形态在法律领域的具体表现。在众多充满智慧的观点中，特雷纳的观点较为客观、持中。他不仅历史地考察了意识形态之争对于确定"公共使用"实质含义的影响，还以麦迪逊的立法原意为出发点，有效地弥合了两派对立观点之间的分歧。凯利的观点虽然具有强烈的创新性，但是却忽略了立法者的原意，从而倒向了对法院判决无条件支持的立场。这实际上又会回归到特雷纳之前学术界二元对立争论的格局，于解决争论无益。因此，在研究"公共使用"的实质内容时，应当规避凯利的研究倾向，而以特雷纳的研究进路为指针，并结合历史的客观与现实的需要。

2. 管理性征收的研究

就管理性征收而言，除了上文提到的萨克斯和米歇尔曼的研究以外，还有以下关于管理性征收的研究比较具有代表性和影响力：卡罗尔·罗斯 (Carol. M. Rose) 的《重构马洪案：为何征收问题仍然混乱不堪》①，罗伯特·布劳内斯 (Robert. Brauneis) 的《我们"管理性征收"法律体系的基础》②。

美国学术界的通说一般认为，管理性征收肇启于马洪案。然而，正是该判决确立的"价值减损标准"(the diminution in value test)，引发了整个管理性征收法的混乱。卡罗尔·罗斯在《重构马洪案：为何征收问题仍然混乱不堪》中指出，价值减损标准引发混乱的根源在于其没能明确界定财产权。这使得人们无从判断由于财产规制而造成的价值减损的程度。她认为，法院在财产权之含义上含糊其词，是因为美国的财产传统中存在着财富与美德之间的张力。若以财富和美德分别作为财产权的目的，则会得出完全对立的财产权定义，从而影响法院对管理性征收是否成立的判断。因此，罗斯主张从美国财产权的历史变迁中，寻求构建清晰、统一的管理性征收规则的方法。

---

① See, Carol. M. Rose, *Mahon Reconstructed: Why The Takings Issue is still s Muddle,* 57 S. Cal. L. Rev. 561 (1984).

② See, Robert. Brauneis, *The Foundation of Our Regulatory Takings Jurisprudence*: The Myth and Meaning of Justice. *Holme's Opinion in Pennsylvania Coal Co. v. Mahon,* 106 Yale. L.J. 613 (1996).

　　同样是为了澄清霍姆斯创设的模糊概念，米歇尔曼从合理赔偿的角度考察了管理性征收规则。在上文提到的《财产、效用和公平》一文中，米歇尔曼提出法院应当将其主要精力从构建统一的管理性征收规则转向个案中的正义。管理性征收规则实质是对政府规制市场之行为的合法性论证，即国家在何种情境中，才能合法地使某个或某些公民不成比例地承担规制对其财产权的负担。这就要求法院能够准确地判断被规制者是否应当获得赔偿。米歇尔曼认为，由于法学界过度努力地将治安权和征收权进行区分，所以学者无法同法院一起构建统一的管理性征收标准。因此，若要真正理解管理性征收，法院应当留意公共政策的形成过程，以及其中蕴含的正义观念。只有以此为据，法院才能准确判断某项规制是否应当给予赔偿，并最终准确地区分规制与征收。总之，米歇尔曼认为管理性征收无法形成统一的标准。规制行为是否构成征收，只能由法院在个案中，依据其中的公共政策和正义观念进行判断。

　　罗伯特·布劳内斯 (Robert Brauneis) 则在《我们"管理性征收"法律体系的基础》中指出，霍姆斯法官创设管理性征收规则，源自他对正当程序能有效限制政府干涉财产权之行为的信心。也正因如此，霍姆斯法官的标准使得管理性征收学说混乱不堪。因此，应当以全新的视角和思路理解霍姆斯法官在马洪案中撰写的法庭意见。布劳内斯认为，马洪案的法庭意见实质是霍姆斯法官关于财产权之宪法保护，以及他对此种保护之文本基础的认识的精炼表达。这是霍姆斯法官在其几十年的职业生涯中逐渐形成的法律思想。但是，现代的法官和学者在将马洪案认定为管理性征收之起源时，往往忽视了霍姆斯法官的法律思想，从而曲解了霍姆斯规则的原意。总之，现代学术界将马洪案视为管理性征收的起源是错误的，它应当被置于正当程序的理论框架中进行讨论。但是，布劳内斯认为研究马洪案仍然具有重要的意义。首先，研究该案可以澄清当代管理性征收中的诸多误解和矛盾；其次，研究该案可以揭示财产权理论与法理学基本问题之间的关系；最后，研究该案可以厘清霍姆斯法官的法律思想，并为当代法院和学者继续研究财产权之宪法保护提供有益的模型。

　　综上所述，管理性征收理论和实践中最为关键的问题，是政府对土地利用的规制在何时成为对私有财产的征收。由于是以判例法为表现形式，管理性征收规则存在不确定性和碎片化的问题。因此，美国学者的研究通常采取历史的方法，研读分析具有重要意义的判例，以期阐明管理性征收的基本原理和原则，从而解决前述问题。在研究过程中，上述学者们主要形成了三种意见：第一，应当从"财产"概念的历史变迁中寻求构建清晰、统一的管理性征收规则的方法。第二，管理性征收实质是一个衡平概念，不应当追求统一的标准，而应当重在实现个案中的正义。第三，管理性征收是一个伪命题，它实质上是一个正当程序的问题。

在上述观点中，最后一种观点并非主流。无论是根据法院判例，还是相关论著，管理性征收都是美国征收法中一种客观存在的征收形式。因此，学者们的分歧主要在于管理性征收的标准应当是清晰统一的，还是一案一定的。罗斯和米歇尔曼的观点分别代表了前述两种倾向，各有优势。但是，就现实情况而言，米歇尔曼的主张较难实现。因为，它不仅增加了诉讼成本，还有悖于法律的确定性和统一性。比较现实的做法应当是采纳罗斯一方的主张，构建清晰统一的管理性征收标准，并兼采米歇尔曼一方"个案正义"的观点，从而使管理性征收既具有可操作性，又不失灵活性。

3. 司法征收的研究

司法征收是美国联邦最高法院在 2010 年的判例中新创设的征收形式。作为美国征收法中的前沿问题，美国学者对它的研究尚处于起步阶段，专题论文数量相对较少，且多是描述性的。

小巴顿·汤普逊 (Barton. H. Thompson. Jr.) 最先对司法征收进行了理论探索。他在论文《司法征收》[①] 中指出，司法征收的核心问题在于：(1) 征收条款是否能够被用于限制法院改变财产法规则的行为？(2) 联邦法院是否有权主动地审查州法院的裁决，以确保其合宪性？在当代美国，法院许多改变财产法的裁决，已经与立法机关和行政机关的征收行为具有越来越多的相似性，但却缺少后两者所受的法律限制。汤普逊据此认为，司法征收确实客观存在，并应当受到征收条款的约束。因此，法院在做出改变既有财产法规则的裁决时，应当考虑其行为对财产所有者的影响。这实质要求法院认真思考宪法框架中"财产"一词的含义。

---

① See, Barton. H. Jr. Thompson, *Judicial Takings,* 76 Va. L. Rev. 1449 (1990).

汤普逊的研究具有强烈的创新性和前瞻性，基本厘清了司法征收属性，面临的挑战，以及应对挑战的方法。但彼时的美国各级法院并没有考虑司法征收的问题，也没有形成相应的判例。因此，学术界并没有给予热情的回应。2010 年，联邦最高法院在停止海滩重建案 (Stop the Beach Renourishment v. Florida Department of Environmental Protection) 中正式地探讨了司法征收问题。这在美国学术界掀起了一阵研究司法征收的热潮。他们结合判例中的法庭意见，在汤普逊提出的理论框架中深入细致地探讨了相关问题。

联邦最高法院对停止海滩重建案的判决甫一作出，《哈佛法律评论》编辑部就撰文反对斯卡利亚法官提出的司法征收学说。该文从征收条款的文本出发，指出司法机关并不能行使征收权，因而司法征收的存在是一个伪命题。从文字和句式结构来看，征收条款不应当被用于审查司法裁决。在征收条款的规范下，政府行使征收权是附条件的，即征收必须是为了公共使用，并且被征收者应当获得合理赔偿。这两项条件意味着政府行使征收权的实质是在行使立法权。因此，征收条款对于政治分支的意义大于司法分支。

2010 年，约翰·艾彻维利亚 (John. D. Echeverria) 发表了论文《STBR: 司法机关为何不同》[1]。在文中，艾彻维利亚以司法机关的性质为视角，驳斥司法征收的概念。他认为，法院应当拒绝司法征收的概念。但是，这并不意味着州法院对财产问题的判决可以免于联邦宪法的审查。即使不依赖征收条款，联邦宪法中的正当程序条款也可以有效地审查相关裁定。更为重要的是，依据正当程序条款的司法审查，更加符合法院的制度功能。

伊利亚·索明 (Ilya. Somin) 在论文《停止海滩重建案与司法征收问题》[2] 中指出，司法征收与政府其他分支实施的征收并无本质区别。征收条款的文字和原意都没有对司法征收和其他征收进行区分，并且联邦最高法院也没有相关先例。因此，任何区别对待司法征收的努力都没有说服力。最终，索明得出两点结论：第一，司法征收实质上与其他种类的征收相类似。联邦宪法并未对做出征收决定的主体

---

[1] See, John. D. Echeverria, Stop the Beach Renourishment: *Why the Judiciary is Different,* 35 Vt. L. Rev. 475 (2010).

[2] See, Ilya Somin, *Stop the Beach Renourishment and the Problem of Judicial Takings,* 6 Duke J. Const. L. & Pub. Pol'y 91, [vi] (2011).

有任何特别规定。第二，虽然对司法征收规则的定义和执行存在一定困境，但是这与其他类型的征收所面临的挑战基本相似。

在论文《停止海滩重建案：以客观性的财产权定义解决司法征收问题》[①]中，史蒂文·拜格基斯 (Steven. C. Begakis) 支持将征收条款适用于法院改变既有财产权的判决，以防止法院侵犯私有财产权。但是，他认为，斯卡利亚法官提出的司法征收理论，引发了实务界和理论界的深刻分歧。若要消弭该分歧，就必须统一各级法院对于"财产"的定义。为此，拜格基斯主张，法院在处理疑似司法征收的问题时，应当采用定义方法 (Definitional Approach) 首先确定"财产"的基本内涵，再以此为标准衡量其判决对既有财产法规则的改变程度，并最终确定是否存在司法征收。

上述研究成果表明，司法征收学说面临以下两个问题：第一，司法征收是否真的存在，是美国学者关心的首要问题；第二，假设司法征收存在，该以何种标准判断法院的相关裁决构成征收。前者主要涉及美国政府三支之间的关系和权力划分。它不仅是一个宪法问题，更是复杂的政治问题，需要深入考察美国的政治传统和社会传统才可能寻获答案。后者则与管理性征收面临的问题具有同质性。它的解决方案只能通过梳理美国"财产"观念之历史变迁才能获得。

4. 小结

综上所述，在研究其本国的征收法时，美国学者们主要围绕着"一条法律，两项权力"展开论述。所谓"一条法律"是指联邦宪法第五修正案中的征收条款，及其在州宪法中的对应项；而"两项权力"是指征收权 (eminent domain) 和治安权 (police power)。它们共同建构了美国征收法的制度框架。美国学者在此基础上，展开了多角度、多层次的研究。有的学者从公法的角度研究征收法，有的学者则从私法的角度进行研究。以公法为研究进路的学者又可以进一步细分。其中，有的学者，如威廉·特雷纳，主要运用规范法学的方法论，对征收条款的文本进行了细致的历史主义解读。有的学者，如法兰克·米歇尔曼，则主要运用法律社会学的方法论，对征收条款进行现实主义的研究。在上述研究文献中，以私法的视

---

① See, Steven. C. Begakis, Stop the Reach: *Solving the Judicial Takings Problem by Objectively Defining Property,* 91 Notre Dame. L. Rev. 1197 (2016).

角研究征收法的学者仅有理查德·艾珀斯坦。但正因为"沿着私法之路走向公法"，他的学说才拥有了广泛且持久的影响力。总之，上述在美国征收法研究领域中具有代表性的论著表明，征收法是公法与私法重叠的法律部门，必须综合运用公法和私法的理论，围绕"一条法律，两项权力"进行文本和理论层面的研究。

此外，上述学术论著都反映了美国征收法的某一方面，并试图解决其中某个或某几个问题。它们集合在一起则勾勒出了美国征收法的大致面貌，以及其中急需解决的主要问题。如上所述，美国学者的研究在"一条法律、两项权力"的框架中展开。据此，美国征收法基本体系在纵向上表现为征收条款贯穿始终，所有的征收行为都应当受到它的规范；而在横向上，基于三权分立的政治体制，可以根据实施征收的主体的不同，而将征收具体划分为国家征收、管理性征收和司法征收。

（二）国内研究现状

目前，我国学者对于上述三种征收形式的研究成果呈现出依次递减的状况。其中，对于国家征收的研究成果最为丰富。我国学者主要从"公共使用"与"合理赔偿"这两个构成要件着手进行研究。管理性征收的研究则较多地集中于行政法学领域。而司法征收，由于是美国一种新出现的征收形式，对它的研究尚未展开。

1. 国家征收的研究

首先，国内学者在研究中，通常将"公共使用"(Public Use)与我国宪法和物权法中的"公共利益"相对应，以期从美国的经验中找出适合我国的公共利益界定模式。张千帆教授在论文《"公共利益"的困境与出路——美国征收条款的宪法解释及其对中国的启示》[①]中指出，"公共利益"是一个极难界定的概念，因而应当借鉴美国的经验，并将注意力从对公共利益的理论界定转移到制度建设上去，让全国和地方人大或其常委会在界定"公共利益"的过程中发挥更大的作用。刘向民研究员也主张我国应当借鉴美国的经验，由各级人大以"一事一议"的方式界定何为公共利益。同时，人大应当以民主公开的原则进行决策，并对征收实施监督。上述观点虽然鲜明，但是也存在着明显的不合国情之处。

---

① 张千帆."公共利益"的困境与出路——美国征收条款的宪法解释及其对中国的启示 [J].中国法学，2005（3）.

许迎春博士在其博士论文《中美土地征收制度比较研究》①中认为，效仿美国虽然可以有效应对公共利益的复杂性，但是我国人大无法胜任此项工作。原因有二：第一，我国现行法中缺乏对公共利益的实体性规定和程序性规定，使得人大在界定公共利益时无法可依；第二，我国人大采用兼职制，且会期较短，无法对日常数量众多的建设项目进行一事一议。

其次，对于"合理赔偿"(Just Compensation)的认识。陈泉生教授在《论土地征用之补偿》②中认为，应当"本着补偿以相等为原则、损失以恢复为原则的精神，土地补偿的标准应接近于正常市价，以维持农民的现有生活水平"。崔裴③与何太痴④认为，在我国当前的社会主义市场经济条件下，应当依据"等价交换"的市场原则，确定征地补偿标准。张千帆⑤也认为，只有依据市场价值补偿，才是"合理赔偿"，才能有效地解决我国目前由于补偿不公正而引起的大量矛盾。此外，就农村土地而言，由于我国不存在农村土地市场，农村土地的市场价格可以依据总体收入法计算得出。

此外，于广思⑥和黄田园⑦分别主张应区别用地性质，构建"征用"和"征购"的二元征地制度，即公益性项目实施征用；非公益性项目实施征购。前者依据保证被征地农民生活水平不降低的原则实行"补偿价"，后者则按照市场价值实行"征购价"。前述观点虽然有意识地区分了国家征收的目的，为构建我国细致的征收类型开辟了道路，但是，这种以不同征收类型决定补偿价款的行为有违征收应当遵循的正义、公平等原则。不论被征土地的用途为何，都应当尊重市场规律，实行统一的赔偿标准，否则有违法律对正义和公平的价值追求。

2. 管理性征收的研究

由于国内缺少对应的制度，国内学者对于美国管理性征收的研究重点在于梳

① 许迎春. 中美土地征收制度比较研究 [D]. 杨凌：西北农林科技大学，2011.
② 陈泉生. 论土地征用之补偿 [J]. 法律科学，1994（05）.
③ 崔裴. 论我国土地征用补偿费标准及其定量方法 [J]. 华东师范大学学报（哲学社会科学版），2003，35（1）.
④ 何太痴. 怎样补偿才算公正？——与周诚先生商榷 [J]. 中国土地，2004（1）.
⑤ 张千帆."公正补偿"与征收权的宪法限制 [J]. 法学研究，2005（2）.
⑥ 于广思. 改革势在必行——对当前我国土地征用制度的思考 [J]. 中国土地，2001（9）.
⑦ 黄田园. 现行农村征地制度的缺陷及改革取向 [J]. 现代经济探讨，2004（6）.

理其规则体系和历史沿革，并加以描述，以期为我国当前法治实践中面临的类似问题提供解决方案，并为将来的立法工作引介经验。

刘连泰教授主张美国法中对于管理性征收的判断，存在多个彼此平行、相互补充的判断标准。他在《确定"管制性征收"的坐标系》①一文中认为，美国的管理性征收规则由三个可交替适用的坐标系构成：手段和目的构成的坐标系，负担与利益构成的坐标系，被剥夺的利益与财产的全部利益构成的坐标系。美国联邦最高法院正是在这三个坐标系中判断政府的公共管理行为是否构成征收。我国的法律实践中存在管理性征收的情形，但现行法中却无管理性征收的概念。因此，他主张通过借鉴美国的经验，以建立我国管理性征收的坐标系，有利于管理性征收概念的建构。

朱学磊在论文《美国管制性征收界定标准之流变——以联邦最高法院判例为中心》②中则主张建立全新的判断标准，以取代现在杂乱无章的判断标准。他指出，联邦最高法院对管理性征收的界定标准经历从严到宽，再到宽严相济的流变过程。这些不同的标准表明，美国的管理性征收还没有形成成熟的理论。这根源于管理性征收的宪法依据不明，即管理性征收究竟是基于征收条款，还是依据正当程序条款而存在的。因此，他主张比较实用的管理性征收标准应当是在司法实务中，着重分析政府管制措施给公民财产带来的不利负担，保证不利者能够得到合理赔偿。这也是我国在遇到类似问题时的解决之道。

对美国管理性征收之界定标准进行历史考察的，王丽晖在《管制性征收主导判断规则的形成——对美国联邦最高法院典型判例的评介》③一文中认为，当今美国法院判断是否构成管理性征收的主导标尺，仍然是佩恩案创立的以价值减损程度为核心的两要素标准。

上述国内学者的研究基本廓清了美国管理性征收规则的面貌与流变。其优点是通过对第一手文献——判例——的梳理，学者们准确地描述了美国管理性征收

---

① 刘连泰.确定"管制性征收"的坐标系 [J].法治研究，2014（3）.
② 朱学磊.美国管制性征收界定标准之流变——以联邦最高法院判例为中心[J].研究生法学，2013，05（28）.
③ 王丽晖.管制性征收主导判断规则的形成——对美国联邦最高法院典型判例的评介 [J].行政法学研究，2013（2）.

的具体规则。但是，国内学者对于管理性征收何时成立的判断标准产生了较大的分歧。这表明，我国目前对于美国管理性征收的研究还停留在"只见树木，不见森林"的阶段，因而没能认识到管理性征收是一个完整统一的法律规则体系。这主要是因为学者们对管理性征收法本体的错误定位。目前国内研究管理性征收的学者多是宪法学和行政法学出身，他们的研究都以公法为视角，并认为管理性征收的目的在于有效地控制行政权。这造成了他们的研究中忽略了管理性征收的核心概念"财产"（property）。美国的管理性征收虽然涉及宪法、行政法和财产法等部门，但是仅就作为法院认定管制是否构成征收的标准而言，管理性征收的规则应当是财产法的组成部分。正如斯普克林教授所言，管理性征收是"如今的财产法最具争议的一个问题"。因此，若要准确把握管理性征收的规则体系，还需以财产法的视角为指引，以"财产"这一概念为出发点，以"财产"概念的历史变迁为线索，整合相关判例。

三、研究对象、方法与文章结构

（一）研究对象

本文的研究对象主要有两个，即征收法律制度和该制度的历史变迁过程。由于美国是一个多法域的国家，因此有两个问题必须首先进行说明。第一，为何本文在论述美国征收法时不特意区分州法和联邦法。从历史源流来看，整个征收法律制度的核心——征收条款主要源自对英国征收法和殖民地时期征收性法律的继承。这使得联邦和地方宪法中的征收条款在文本结构和实际内容上具有高度的一致性。换言之，各州和联邦的征收条款拥有相同的构成要件，即"公共使用"与"合理赔偿"。

第二，为何上编着重说明与征收相关的立法，而下编则重点阐释与征收相关的司法。虽然美国属于普通法国家，现代征收法也具有鲜明的司法中心特征，但是，由于年代久远，殖民地时期和建国早期的司法档案要么已经散佚，要么无法通过网络检索获取。因此，囿于一手文献的缺失，上编只能着重从立法的角度阐释古典时期的征收法及其变迁。下编主要从司法的角度进行论述，原因有二。首先，就国家征收而言，虽然其载体是联邦和地方立法机关的制定法，但是，由于要遵守征收条款的规定，前述制定法的实质内容几乎是一致的。而由于每年美国的各级立法机关会制定大量的征收立法，所以将它们一一罗列并加以论述既不可能，也无必要。基于美国自身的政治体制，只需要考察现代法院对与国家征收有关的案件的解释，就可以厘清"公共使用"与"合理赔偿"在现代社会中的变迁，进而阐明国家征收的现代建构。其次，就管理性征收和司法征收而言，它们本身就是法院在司法实践中的创造物，其规则体系以判例法为载体。基于"遵循先例"的普通法原则，管理性征收和司法征收的规则通过司法实践而适用于全国。因此，也没有区分州法和联邦法的必要。

（二）研究方法

本文的研究对象是美国征收法律制度及其历史变迁。这便引出两个需要解决的问题：第一，美国征收法律制度的基本面貌是怎样的？第二，美国征收法律制度是如何变迁的？为此，必须对美国的征收法律制度做动态的分析，以厘清其产生、发展和变化的过程。而这就需要将美国征收法律制度置于合理的框架中进行分析。

总体而言，美国的征收法律制度经历了由简到繁的变迁过程，并且与社会的现代化进程基本同步。时至今日，美国的征收法律制度基本呈现出以征收条款为基础与核心，囊括了国家征收、管理性征收和司法征收三种基本形式。在整个制度的产生与变迁过程中，市场、政治制度和法律思想，以及它们之间的互动发挥了关键的作用。此外，在阐释此过程时，还应当将前述三大要素置于现代化的背景之中。因为，它们不仅是征收法变迁的动因，也是现代化进程的动力和表征。换言之，现代化的力量正是借助市场、政治制度和法律思想而作用于美国征收法律制度的变迁过程的。因此，在分析美国征收法律制度的变迁时，应当选取能够解释现代化与市场、社会制度之间关系的理论框架。

论及市场与社会制度的关系，哈耶克的思想和理论无疑对当代学术界有重大影响。这一方面在于哈耶克本人执着的自由主义理想，另一方面也在于20世纪90年代初期冷战的终结，使得市场自由主义左右了全球政治。撒切尔主义、里根主义、新自由主义等意识形态仿佛在一夜之间被西方主要发达国家奉为圭臬。哈耶克也因此被西方世界公认为新古典自由主义之父。哈耶克在其理论中系统地论证了"扩展秩序"的存在。所谓"扩展秩序"就是"人们在不断交往中养成某些得到共同遵守的行为模式，而这种模式又为一个群体带来了范围不断扩大的有益影响，它可以使完全素不相识的人为了各自的目标而形成相互合作"。① 哈耶克认为，"扩展秩序"对于人类文明的发展至关重要，因为它为每个人利用自己的知识提供了一个有益的制度空间。

但是，一对内在的张力削弱了哈耶克的"扩展秩序"理论。在论证中，他一直抱有一个未言明的预设，即全人类不分文化和地域，其心智结构在进化过程中"应当"是相同的。因此，社会和文化交往中的"全球化"是必然的。但是，哈耶克同时又把西欧少数国家的近代制度实践，看做一个进化过程中偶然选择造成的因素。"这就使他所倡导的法制市场制度变成了一个有着内在紧张的文化概念。"② 因此，他对文明成因的说明，并非如其设想的那般具有普适性。相反，哈耶克的理论仅仅适用于解释近代资本主义。就古代社会与它的衔接过程而言，他的理论远不如韦伯对文化形态和"理性化过程"的分析那样具有解释力。因此，哈耶克的理论不仅无法解释市场形成之后为何仍然需要适度的政府干预，也无法解释近代资本主义形成前重商主义指导下西欧各国运用公权力培育市场的历史过程。因此，必须将视角转向哈耶克的批评者。

作为"迄今为止对市场自由主义最严峻的批评"，卡尔·波兰尼 (Karl. Polanyi) 在其著作《巨变》中提出的"嵌含"概念 (embeddedness concept)，以及由此演绎出的"双重动向"论 (double movement) 为动态地分析美国征收法律制度的变迁过程提供了有益的研究方法。所谓"嵌含"是指经济本身并非如经济学理论所称的是一个自主体，实际上必须服膺于政治、宗教及社会关系。③ 借助此概念，波兰尼认为当代经济学的思想传统——按价格机制来自动调节供应与需求的连锁性市场——是与人类历史生活和社会现实相背离的。因此，他指出，脱嵌且完全

---

① 哈耶克．致命的自负 [M]．冯克利、胡晋华，译．冯克利，统校．北京：中国社会科学出版社，2000：译者的话 6.

② 哈耶克．致命的自负 [M]．冯克利、胡晋华，译．冯克利，统校．北京：中国社会科学出版社，2000：译者的话 11.

③ 波兰尼．巨变：当代政治与经济的起源 [M] 黄树民，译．北京：社会科学文献出版社，2013：25.

自律的市场经济是不可能存在的。波兰尼甚至更进一步地认为，"这种自律性市场的信念蕴涵着一个全然空想的社会体制 (utopia)。假如不放弃社会之人性的本质及自然的本质，像这样的一种制度将无法存在于任何时期，它会摧毁人类，并将其环境变成荒野。"①

但是，波兰尼从近代欧洲的历史中发现，市场的"脱嵌"总是无法成功。因为，一旦市场脱离社会制度的影响显现，并呈失控之势时，人们会开始抗拒。他们会放弃市场的教条，以使社会与自然免于毁灭。因此，在从社会脱嵌的过程中，市场的自主程度与社会受到的压力呈正相关。这就如同拉扯一根弹簧，市场获得自主性越大，社会受到的压力也就越强。如果持续拉扯弹簧，结果不是造成社会解体，就是迫使经济回归社会嵌含的位置。

波兰尼上述观点的逻辑起点是其对真实商品 (real commodity) 和虚拟商品 (fictitious commodity) 的区分。其中，前者是指为市场销售所生产的东西；后者是指土地、劳动力额金钱。② 根据定义，虚拟商品并非为市场销售而生产。劳动力是一种人类的活动，土地则是自然的一部分，而货币与信贷则完全由政策决定。因此，波兰尼认为虚拟商品是无法依据真实商品的规则而运作。弗雷德·布洛克 (Fred. Block) 认为，波兰尼的观点包含了两层意义。第一层是道德层面的，即全由市场价格来决定自然与人类，是完全错误的。第二层是现实层面的，即国家应当在经济上扮演重要的角色。③

总之，虚拟商品的存在表明，经济无法从社会中成功脱嵌。真正的市场社会需要政府在市场调节上扮演积极的角色。基于对市场从社会中脱嵌之能力的怀疑，波兰尼提出了强有力的"双重动向"论。他认为，市场社会包含了两种力量，即自由放任的动向，以扩张市场；以及反向而生的保护主义，以防止脱嵌，任何将经济从社会中脱嵌的努力必然会遭到抗拒。

---

① 波兰尼.巨变：当代政治与经济的起源 [M]. 黄树民，译.北京：社会科学文献出版社，2013：52.

② 波兰尼.巨变：当代政治与经济的起源 [M]. 黄树民，译.北京：社会科学文献出版社，2013：27.

③ 波兰尼.巨变：当代政治与经济的起源 [M]. 黄树民，译.北京：社会科学文献出版社，2013：28~29.

现在将视线转回到美国征收法律制度的变迁过程上来。以南北战争为界限，美国征收法可以划分为两个大的发展阶段：战前为古典时期，战后为现代化时期。古典时期又可以独立战争为界，划分出两个发展阶段，即殖民地时期对英国征收法相关制度要素的继承和本土征收性法律的初步发展，以及建国后征收条款的制定。之所以被称为古典时期，是因为不论是各自为政的殖民地，还是经过战争洗礼而形成的独立国家，北美社会都没有表现出现代性的主要特征。这主要表现在市场、政治制度和法律思想三个方面。在这个阶段，美国的土地刚刚开始商品化，土地市场尚未形成，更不存在现代的市场制度。就政治制度而言，殖民地时期的北美并不存在能够行使国家权威的中央机关，而在独立战争后，由于二元联邦制理论的长期存在和持久影响，联邦政府的权威是比较低下的。此外，这一时期的法律思想仍然具有鲜明的前现代特征。具体到征收法，它具备了某些现代征收法的特征，但又与其有所区别。殖民地时期的征收性法律通常不能同时具备现代征收法的三大基本特征，而独立后的征收法则排除了联邦政府直接行使征收权的能力。简言之，这是一个从征收性法律到征收法的发展阶段。现代化时期，美国征收法先后经历了三次重大的发展。最早的发展开始于19世纪末，国家征收在古典征收法的基础上开始了现代化进程；紧接着是1922年出现的管理性征收，它的产生与发展基本与美国福利国家的建设同步；最后则是2010年出现的司法征收。这三次重大发展共同构成了美国现代的征收法律制度。

历史地看，美国现代征收法律制度的三次重大发展，尤其是国家征收的现代化和管理性征收的出现，都与土地市场的发展和政府管理之间的互动有着密切的联系。南北战争前，美国已经存在区域性的土地市场，土地的自由交易使得南方奴隶制存在着向西部扩散的可能性。南北战争并没有立即消除这些可能性，反而由于全国土地市场的形成和大规模的土地交易，奴隶制有在南方死灰复燃并向西部扩散的趋势。为此，北方主导下的联邦政府开始通过集权扩大自身的权力范围，以有效地管理市场，防止其对战后社会秩序的破坏。正是在这种"双重动向"中，美国征收法律制度经历了三次现代化发展。首先，国家征收的现代化源自国内经济的"起飞"(take-off)，以及由此而引发的一系列政治改革。19世纪末20世纪初的产业革命虽然加速了市场制度的发展，但也带来了诸如社会道德滑坡和环境污染等因"脱嵌"而产生的社会失序。这些都激发了社会制度，尤其是政治制度的反向作用力，即"监管性国家"的出现。但是，由于政治面向的作用力没有受到有效制约，最终超过了必要的限度，使得国家征收权出现了异化。其次，管理性征收虽然产生于市场制度和国家管理已经基本完善的背景中，但市场社会的内在张力仍然是其发展的主要动力。它没有如国家征收一般发生异化，最主要的原因在于该制度是法院的创造，其内容一直因法院阐释与解释而不断丰富与完善。最后，司法征收的出现，在一定程度上也是因为联邦政府在现代化过程中权力极大地扩展，以至于法院也被深深地卷入对市场的管理之中。总之，市场与社会制度间的"双重动向"是美国现代征收法律制度变迁的最主要动力。

然而，值得注意的是，除了市场与社会之间的张力外，还有一个重要的因素促进了美国征收法律制度变迁——战争。西方学术界在现代欧洲国家建设理论上已达成的共识认为，战争是国家机器理性化的主要动因。在美国征收法律制度的变迁过程中，战争也发挥了重要的作用。独立战争和南北战争造成的制度断裂，不仅加速了市场在美国的形成与发展，还刺激了美国联邦政府的集权和由此而产生的国家机器的理性化。这种刺激无疑强化了市场和社会制度之间的"双重动向"，进而加速了美国征收法的发展和现代化。因此，战争是美国征收法律制度变迁的催化剂。

综上所述，美国现行的征收法律制度是以殖民地时期的征收性法律为历史基础，以联邦宪法中的征收条款为核心，包括了国家征收、管理性征收和司法征收三种模式的法律规范的集合体。不论是殖民地时期的征收性法律发展为征收条款，还是现代化时期以征收条款为基础发展出三种征收模式，征收法律制度变迁的基本动力都源于市场与社会制度之间的张力。同时，这股张力更是促进了美国社会整体的现代化。简言之，市场、政治制度和法律思想之间的互动是美国征收法律制度变迁的用力来源。

（三）本书结构

本文分为上下两编，共计五章，探讨了美国征收条款的历史变迁和现代征收法律制度的建构。如此划分的原因有二：首先，南北战争造成了美国经济制度、政治制度和社会制度的巨大断裂，而战后的重建则重塑了整个美国，并开启了现代化的进程。简言之，美国的社会性质发生了巨大的转变，即从近代跨入了现代。这必然导致征收法自身性质的转变。因此不宜将内战前后的征收法作为一个连续统一体进行论述。其次，如此划分能够使篇章结构更为合理。美国征收法从古典向现代变迁，是一个从无到有、再到逐渐丰富的过程。这就构成了两个相对独立，但又彼此联系的发展阶段。上下编的划分能够更好地说明这两个发展阶段各自的特征。

上编为"古典时期的征收法的变迁"，共计两章，主要描述殖民地时期至南北战争前美国征收法的发展变化。第一章论述美国征收法对英国法的继承，以及殖民地时期征收性法律的渊源。第二章论述征收条款的诞生过程。它是美国现代征收法律制度的基石与核心。此外，本章的另一个重点是探明征收条款立法者的原意，从而还原该条款文本的历史意涵，并在此基础上阐明征收条款的历史意义。

下编为"征收法的现代制度建构"，共计三章，主要论述美国如何以征收条款为据，在现代社会中构建征收法律制度。第三章至第五章，以相关制度在历史上出现的先后顺序，分别论述了国家征收、管理性征收和司法征收。第三章以法院对征收条款的去功能化解释为线索，论述了国家征收的现代制度建构。在联邦主义兴盛的背景下，立法机关逐渐恣意地行使征收权，法院则采取了司法克制的立场，以体现其对立法机关的尊重。因此，现代国家征收的制度化过程实际是其背离征收条款原意的异化过程。第四章论述管理性征收的制度建构。它诞生于行政规制与私有财产权之间的矛盾，并因福利国家的建立和民主化浪潮的冲击而实现了现代化。在当代，管理性征收的特征表现为个案正义中的碎片化发展。第五章论述征收法中新近出现的司法征收问题。该问题肇启于2010年的停止重建海滩案，并引起了法律界的广泛争论。本章的重点在于：通过梳理停止重建海滩案的基本事实，将司法征收与国家征收、管理性征收进行比较，以确定其本质属性。以此为基础，本章还会进一步探讨司法征收产生的原因，以及实践中对该问题的处理方法。

上编

古典时期征收法的变迁

第一章 殖民地时期征收性法律的制度要素和渊源

任何制度的诞生都有其历史与文化上的渊源，殖民地时期的美国征收法也不例外。这一时期的美国征收性法律包含了英征收法最主要的制度要素，即由立法机关行使征收权，征收应当以实现公共利益为目标，被征收财产者应当获得合理赔偿。历史地看来，前述三个特征的出现是英国政治经济近现代化的必然结果，并可以从中初窥盎格鲁－美利坚征收法发展的一般规律。而由于英国和美国历史与文化上的密切联系，美国的财产征收法自始便继承了前述三个主要的英国制度要素，并因北美独特的环境而有所损益。殖民地时期的作坊法案和公路法案清晰地表现了这一继承过程。

第一节 继承于英国的制度要素

征收权广泛存在于人类所有的政治社会中，并通过以强制力作为保障的公用征收 (expropriation) 得以表现。由于历史和文化上的紧密联系，美国的财产征收法在相当程度上借鉴了英国的有关制度，例如由立法机关以制定法的形式行使征收权。因为，立法机关作为民意代表机关，在盎格鲁－美利坚文化中具有超然的地位。但议会的超然地位并非与生俱来，而是在与国王的长期斗争中逐渐获得的。征收权的获得正是斗争的结果之一。

一、征收权：从国王到议会

在英格兰的历史上，国王是公用征收最初的主导者。自 12 世纪起，国王利用其政府频繁地实施公用征收。这方面的先例最早可以追溯到 1086 年《末日审判书》(Domesday Book) 中的记录：国王需要征收土地，以修建王室城堡作为政府驻地。作为实现公益的行为，国王认为其有义务向被征收土地者提供赔偿金，至少也应当向失去土地的教会支付相应的金钱。① 据《财税卷宗》(Pipe Roll) 所载，北安普敦郡的郡长曾在 1130 年向北安普敦修道院提供了一笔价金，作为国王征收修道院土地修建城堡的赔偿。② 至 12 世纪中叶，国王及其官员逐渐承认，政府负有向平信徒 (lay people) 支付征收赔偿金的义务。1169 年《财税卷宗》的记录显示，一名女性平信徒因政府征收其土地征收修建坎特伯雷城堡而获得了赔偿。1174 年的记录则显示，某位平信徒的房屋被临时征用，并作为奥福德城堡守备部队的驻地。虽然该案件中并未涉及实际的土地征收，但是这位平信徒还是获得相应的补偿。③ 总之，正如苏珊·雷诺兹 (Susan Reynolds) 所言，12 世纪的诸多公用征收活动，实质上都是对 1086 年《末日审判书》之记录的一再确认。④

那么，公用征收的实际赔偿数额如何确定？根据当时的英国法例，皇室建筑的成本通常由两至三名财政部官员进行评估。苏珊·雷诺兹认为，该制度极有可能被用于确定土地赔偿金的数额。⑤ 在 13 世纪前半叶的一些征收活动中，征收赔偿金的数额通常由若干名宣过誓且可敬守法的自由民经评估后确定。⑥ 与今时不同，13 世纪征收赔偿的形式更加多样，而不仅限于货币。如 1221 年，布里奇诺

---

① REYNOLDS S. (2010). Before Eminent Domain: *Toward a History of Expropriation of Land for the Common Good.* North Carolina: The University of North Carolina Press. 35.

② REYNOLDS S. (2010). Before Eminent Domain: *Toward a History of Expropriation of Land for the Common Good.* North Carolina: The University of North Carolina Press. 35.

③ REYNOLDS S. (2010). Before Eminent Domain: *Toward a History of Expropriation of Land for the Common Good.* North Carolina: The University of North Carolina Press. 37.

④ REYNOLDS S. (2010). Before Eminent Domain: *Toward a History of Expropriation of Land for the Common Good.* North Carolina: The University of North Carolina Press. 35.

⑤ REYNOLDS S. (2010). Before Eminent Domain: *Toward a History of Expropriation of Land for the Common Good.* North Carolina: The University of North Carolina Press. 37.

⑥ REYNOLDS S. (2010). Before Eminent Domain: *Toward a History of Expropriation of Land for the Common Good.* North Carolina: The University of North Carolina Press. 37.

斯城堡 (Bridgnorth Castle) 因修筑碉楼而征收了邻近的土地。此次征收活动的赔偿则是给予被征收者新的土地，而非给予一定数额的货币。又如 1243 年，亨利三世以无法在战时提供有效防御为由，从费康大修道院 (Fécamp Abbey) 处征收了整个温切尔西与瑞埃镇 (towns of Winchelsea and Rye) 及其周边的海岸土地。作为赔偿，亨利三世将一块位于内陆的地产授予了费康大修道院。

　　13 世纪，政府支付征收赔偿不仅已经成为惯例，英国还逐渐确立了针对无法获得合理赔偿的救济规则。在 1267 年、1277 年和 1308 年的三个案件中，原告的土地被征收而未获得赔偿。王室政府特地诏令调查此事。在前述案件中，土地征收和因此造成损失，通常由经过宣誓的陪审团加以查明。[①]这三起案件中，有两件的原告都是教会的神职人员。国王自然对给付赔偿一事给予了更多的关注。而 1308 年的案件则表明，这种救济规则并非完全与平信徒绝缘。1305 年，亨伯河 (Humber) 因涨水而冲毁了沿河道路，并给当地居民带来了巨大损失。布里德灵顿的领主为此向国王请愿修建新的道路，并向因修路而失去权利的土地所有者支付赔偿。其中，一位平信徒就从国王处获得了相应赔偿。[②]当然，历史记录显示这位平信徒拥有相当高的社会地位，足以引起国王的重视。但并非所有获得赔偿的人都拥如此高的社会地位，也并非所有赔偿都需要通过特别请愿才能获得。在 1239 年伦敦塔的扩建工程中，政府向 55 名被征收土地所有权人支付了超过 160 英镑的赔偿金。这些人中不仅有神职人员，还有许多地位低下的平信徒。在此例中，陪审团显然是分别评估了每一所涉案的房屋，以及每一块涉案的土地。[③]

　　自 16 世纪起，议会逐渐取代国王成为了发起公用征收的主要机关。当时，议会主要通过制定相应的征收立法，并授权行政部门负责实施。受此影响，生活于 18 世纪的布莱克斯通甚至已经认为，虽然英格兰人享有绝对的私有财产权，但立法机关仍然能够通过立法对其施加影响。此时，立法机关"是在最大限度地

---

①　REYNOLDS S. (2010). Before Eminent Domain: *Toward a History of Expropriation of Land for the Common Good*. North Carolina: The University of North Carolina Press. 39.

②　REYNOLDS S. (2010). Before Eminent Domain: *Toward a History of Expropriation of Land for the Common Good*. North Carolina: The University of North Carolina Press. 39.

③　REYNOLDS S. (2010). Before Eminent Domain: *Toward a History of Expropriation of Land for the Common Good*. North Carolina: The University of North Carolina Press. 39.

行使其权利，因此在行使过程中总是慎之又慎。而且，也只有立法机关才可以像这样将权力发挥至最大"。^① 苏珊·雷诺兹认为，征收权从国王手中转向议会，实质上是中央集权在英国逐渐发展的必然结果。^② 英国中央集权政府的发展与同时期的欧洲大陆相比，既有相似之处，又存在明显的差异。在欧洲大陆，伴随着罗马法的复兴与广泛传播，人们普遍接受了统治者即绝对君主的观念，并认为他拥有剥夺臣民财产权的权利。鉴于君主专制国家是当时欧洲各国政体的主流形式，这就意味着只有国王或皇帝才有权实施征收。而在英国，中央集权政体的发展虽然与罗马法的传播存在一定联系，但是更多地还是受本国政治实践的影响。虽然同样是君主专制政体，但英国的地方精英势力则更为强大。在他们被整合进国家的过程中，议会借此获得了更多的权威。结果，英国的主权权威最终落入了议会的手中。上述在大陆被广泛接受之观念的英国版本就应当被表述为：议会——作为集中的主权权威的代表——拥有剥夺臣民财产权的权利。

制度的实际运行通常与观念的变化并不同步。虽然中央集权在英国的发展，使人们逐渐认为公用征收是议会的权力，但现实中鲜有英国人特意区分土地征收的发起者究竟是议会还是国王。根据英国的传统，国王特权当然地包含征发权 (purveyance)，但征发权的对象仅限于货物、物资和劳力，而不包括土地。在 16、17 世纪的英国，王室政府若需要土地进行国防建设，则会通过谈判与土地主签订租赁或买卖契约，而非采用强制征收的手段。然而，当国王政府以强制购买的方式获得土地时，并不必然需要议会的立法授权。1527 年，王室政府采用强制购买的方式征收了 11 名来自朴茨茅斯的小土地主的土地。其中，每个土地主的赔偿金均由两名王室官员经评估后确定。1559 — 1568 年间，为修建阿普诺城堡 (Upnor Castle)，经六名"利益无涉人士"评估定价后，国王强制性地购买了肯特郡的相关土地。与此同时，议会也在运用手中的权力征收土地。1515 年和 1539 年为了实施河防工程，议会立法授权相应机关进行征收，同时给予被征收人赔偿

---

① 布莱克斯通.英国法释义：第一卷 [M].游云庭、缪苗，译.上海：上海人民出版社，2006：159.

② REYNOLDS S. (2010). Before Eminent *Domain: Toward a History of Expropriation of Land for the Common Good*. North Carolina: The University of North Carolina Press. 41.

金。[①] 1585 年的一项议会立法还授权奇切斯特市的市政府可以征收土地，扩建当地海港。该制定法规定，被征收土地的价格由 4 名市参议员，以及 8 名贵族或太平绅士共同确定。[②] 议会行使征收权最为明显的例子出现在 1667 年的伦敦大火之后。当时议会迅速通过了一系列法案，授权伦敦市获取用于拓宽街道的土地。同时，这些法案还允许伦敦市开征煤炭税，以支付赔偿金。[③]

在众多的制定法中，有关道路的立法最为明显地反映了议会权力在征收领域的扩张。在议会开始行使征收权之前，有关道路的立法通常是要求各地方政府履行修缮道路的职责。这些立法并不会要求地方政府改善已有道路的状况，更不会命令它们修建新的道路。此外，这些法案还有可能授权地方政府征收物资以修建道路。但是，这种"征收"并不会给予被征收者赔偿金，因为它并不会消灭土地所有者的相关权利。[④] 1662 年的一项立法则改变了前述状况。该法案规定，政府若要征收土地改善道路，必须事先取得土地所有者的同意，并支付相应的赔偿。此后，议会的道路立法在授予修路者征收权的同时，还对其进行了限制。如1723 年的一项关于收费公路的法案就规定，政府因修建收费公路而征收土地的，应当向被征收者支付损害赔偿金。若当事人对前述赔偿金的数额有异议，则有权向陪审团申请救济。到 18 世纪中叶，该规定已经被议会立法广泛采纳。[⑤]

及至现代早期，圈地运动在英格兰引发了大规模的征收活动。根据当时的法律，圈占土地与征收是两种不同的法律行为，主要区别在于前者只能以货币的形

---

① Great Britain., (18101828). The statutes of the realm: *Printed by command of his majesty King George the Third*, in pursuance of an address of the House of Commons of Great Britain. From original records and authentic manuscripts. London: Dawsons of Pall Mall., Vol. 3. 134–135, 720.

② Clifford, F. (18851887). A history of private bill legislation, Vol. 1. London: Butterworths. 470, 479, 480–484.

③ Great Britain., (18101828). The statutes of the realm: *Printed by command of his majesty King George the Third,* in pursuance of an address of the House of Commons of Great Britain. From original records and authentic manuscripts. London: Dawsons of Pall Mall, Vol. 5. 601–612.

④ Great Britain., (18101828). The statutes of the realm: *Printed by command of his majesty King George the Third*, in pursuance of an address of the House of Commons of Great Britain. From original records and authentic manuscripts. London: *Dawsons of Pall Mall*, Vol. 4. 441‑43; Vol. 5. 436; Vol. 6. 318.

⑤ Albert W. (1972) Turnpike Road System in England:1663–1840, New York: *Cambridge University Press.* 14–22, 59.

式支付赔偿，而后者既可以支付货币也可以支付土地。但是，从实际的法律效果来看，圈地与征收的性质却又完全相同。因为，圈地与征收都是以支付相应赔偿金为条件，消灭特定土地上的权利。此外，就土地交易的强制性而言，圈地运动伊始并不具备强制性。但随着圈地运动的发展，圈占土地的强制性越来越明显，并最终与征收相差无几。现代化的农业技术与生产模式要求将大规模的土地集中于单个或少数几个所有者手中。为此，许多有实力的大土地主投身于圈地运动中。通常而言，土地圈占通过当事人之间协商一致而实现。若双方地位相当，则协商便是自由且充分的：需要土地的一方可以如愿获得目标地产，而另一方则可以获得与其损失相当的赔偿。但若双方的地位相差较大，则交易的强制性就会显露无遗。在圈占土地的协商过程中，大土地主作为强势一方会雇佣专业的律师参与交易，而小土地主或佃农则无法获得专业的法律帮助。结果就是弱势一方不但无法拒绝交易，更无法获得合理的赔偿。因此，圈地运动实质上就是大土地主对小土地主和佃农土地的征收。

然而，这并不意味着征收中有关"公益"的观念已经消亡。1667 年，大法官法院的一项判决写道："恣意的个人权力不应当违背公共利益。"既然如此，为何圈地运动中不见对弱者财产权的保护？在圈地运动盛行的年代，采用新农业技术的大土地主通常认为，他们的行为有效地改善了土地的状况，并且促进了当地社区的繁荣。由此产生的利益，不仅足以弥补小土地主和佃农的损失，更满足了公共利益的要求。简言之，在现代早期，英国人已经将公共利益等同于经济的繁荣或整体福利的增长。实际上，这不过是中世纪传统的延续。在中世纪的英国，许多议员就将本地持续不断的经济繁荣视为公共利益。而公用征收则是实现此利益的重要手段，其赔偿的不足之处可以通过整体繁荣弥补，或者直接用整体繁荣抵偿被征收者的损失。与现代不同，中世纪的议员作为有产者，从征收中获得的利益往往与贫穷阶层的利益一致。征收赔偿因此就显得可有可无。但在现代社会中，贫穷者的利益不再与富裕者息息相关，且经常与后者的诉求相冲突。此时，公共利益的内涵，以及征收赔偿的金额就急需明晰的界定。因此，自 1710 年起，议会关于圈占土地之法案的数量逐渐增加。不久之后，议会的立法授权便成为了合法圈地的必备要件。总之，土地圈占行为实质上是中世纪征收在现代的延续。众多的圈地法案之所没有提及公共利益，并非是因为它的重要性渐失，而是因为制定法和普通法的程序与术语等技术性因素发生了变化。①

二、英国议会的征收立法实践

随着现代化进程的展开，征收权由于与国王特权性质上的差异，而逐渐成为了议会的专属权力。因此，英国的征收权主要以议会立法作为表现形式。征收法的渊源同时具备以下两个特征：第一，征收法是议会立法；第二，征收法赋予征收者强行获得他人不动产的权力。这些现代征收法的特征早在中世纪晚期和近代早期就已经确立。

议会制定的征收法最早出现于1427年。该制定法由一系列涉及下水道修缮的法令组成。由于林肯郡的排污系统年久失修，议会便通过立法任命了若干下水道专员，专事林肯郡的修缮工作。1427年的立法虽然授予了委员会征收土地的权力，但是规定本身相当简短，且语义含糊。该法案仅规定，委员会有权在必要时征收土地修建新的排污沟渠，而并未规定任何征收程序，也不包含给予赔偿的强制性规定。但是，柯克认为，1427年法案的重要意义在于，确认了行政机关征收土地的权力是由议会通过立法及其修正案授予的。② 此后，1514年和1539年的两项制定法，分别完善了关于征收赔偿的规定，并由此成为现代征收法的模板。1514年法案授予坎特伯雷市 (Canterbury) 征收权以疏浚河道。该法案明确规定，如果任何人的作坊、桥梁或水坝因疏浚河道而被拆除，坎特伯雷市应当给予其合理的赔偿。③ 1539年法案同样将征收权授予埃克赛特 (Exeter) 市政当局，以便疏浚当地河道。该法案关于赔偿的规定较1514年法案更为详细。它规定，当疏浚河道需要征收土地时，埃克塞特市政府应当向所有权人支付赔偿；该赔偿可以是与被征收土地面积相当的新土地，也可以由德文郡的巡回法官判定。④ 前述两项

---

① Lambert S. (2008) Bills and Acts: *Legislative Procedure in Eighteenth-Century England,* New York: Cambridge University Press. 133–134.

② Isle of Ely (Case of), 77 Eng. Rep. 1139, 1143 (1378–1865).

③ Great Britain., (18101828). The statutes of the realm: Printed by command of his majesty King George the Third, in pursuance of an address of the House of Commons of Great Britain. From original records and authentic manuscripts, Vol. 3. London: Dawsons of Pall Mall.134–135.

④ Great Britain., (18101828). The statutes of the realm: Printed by command of his majesty King George the Third, in pursuance of an address of the House of Commons of Great Britain. From

法案表明：首先，国王特权不再具有排他性。16 世纪的议会已经可以通过立法授权的方式，赋予地方政府行使某些原本属于国王的特权。其次，国王特权与征收权行使的条件不同。虽然同样导致既有所有权的转移，但国王特权不以支付赔偿为条件，而议会的征收权则必然支付赔偿。16 世纪中叶以后，议会开始频繁地行使征收权。

第二节　征收性法律的渊源

随着英国在北美洲展开殖民活动，殖民者们带来了已经发展得相当完善的征收法律制度。在随后的日子里，这些制度因为北美殖民的自身的特点，而发生了一定程度的变化。

英国殖民者在北美的征收活动大体分为两类。一类是殖民者对印第安人财产的"征收"，另一类则是殖民者之间的财产征收。最初，殖民者要么通过征服获取印第安人的土地，要么以不合理的低价从北美原住民手中购买土地。但自 17 世纪晚期直到 18 世纪末，北美的殖民者普遍认为，印第安人对其土地拥有"真正的、不可忽视的财产权"。[1]不幸的是，前述观念很快就发生转变。在 1823 年的一项判决中，首席大法官马歇尔指出："印第安人只应当被视作占有人。因此，在和平时期，他们对土地的占有应当获得法律保护，但这并不意味着他们拥有向他人转让土地的绝对权利。"[2] 这表明，舶来的英国征收法并不调整殖民者和印第安人之间的土地征收法律关系。

在各英国殖民地内部，征收活动通常都或多或少地遵循英国的征收法。在现代早期，英国征收法虽然在措辞上不明确提及公共利益，但仍以类似概念论证公用征收的合法性。美国的法律史学者普遍认为，殖民地政府自始便以实现公共利益为目的，而征收殖民者的土地，但这些征收却并不以赔偿为条件。正如莫顿·霍

---

original records and authentic manuscripts, Vol. 3. London: Dawsons of Pall Mall. 720.

[1]　Banner S. (2010) How the Indians Lost Their Land. Cambridge MA: *The Belknap Press of Harvard University Press*. 10–90.

[2]　Johnson v. M'Intosh, 21 U.S. 543, 591 (1823).

维茨 (Morton. J. Horwitz) 所言："在独立革命时期，美国还没广泛地接受这样一个原则：国家因公共利益征收个人财产，应予补偿。"[①] 然而，苏珊·雷诺兹认为前述观点的事实依据不足。她指出，美国法律史学者主要依据某些殖民地残缺或晚近的公路立法，以及两项未经证实的假设得出此结论。第一个假设是，只有"州"才能实施公用征收，第二个假设则是，只有立法和与其一致的司法才能构建"不容侵犯的规则"。[②] 但是，已经有足够的历史证据表明，早在独立革命之前，私主体实施公用征收，以及政府给付征收赔偿就已经成为常例。殖民地时期的作坊法案 (Mill Acts) 和公路法案 (Highway Acts) 正是前述常例的集中体现。

历史地看，作坊法案的发展主要围绕征收的公共性展开。在早期，殖民地政府通过作坊法案将征收权授予作坊主行使，以使其能够便捷地建立作坊，促进当地的经济发展。然而，随着作坊私有属性的增强，开始有法院要求限制作坊主对征收权的行使。正是基于此，殖民地时期的法院围绕着"公共使用"一词，形成了两种不同的解释标准：形式的公共使用与实质公共使用。这不仅为建国后征收条款的制定提供了丰富的经验，更为国家征收在现代社会中的变迁限定了基本路径。其次，公路法案主要围绕对征收的赔偿展开的。对 13 个殖民地公路法案的考察表明，政府因征收而给予被征收者合理赔偿的观念，已经为大部分殖民地政府所接受。这为麦迪逊反对褫夺公权法案，并将"合理赔偿"写入联邦征收条款提供了重要的经验支持。

一、作坊法案

18 世纪，受到所有权神圣性观念的影响，土地作为最重要的财产，并不存在征收的问题。然而随着北美殖民地经济的发展，对以土地为代表的财产权益进行再分配已经成为了势不可挡的潮流。作坊法案就诞生于这种背景之中。霍维茨指出："鼓励建造作坊的各种不同的法案，为美国促进经济发展而牺牲私有财产

[①] 霍维茨. 美国法的变迁：1780–1860[M]. 谢鸿飞，译，北京：中国政法大学出版社，2004：97.

[②] Reynolds S. (2010) Before Eminent Domain: *Toward a History of Expropriation of Land for the Common Good.* North Carolina: The University of North Carolina Press. 78.

的神圣性的意愿提供了最早的例证。"①

那么，作坊法案到底是什么？就整体而言，作坊法案是指在若干殖民地或州制定的一组相似的法律，它们实质上把征收权授予了私主体——通常是河岸土地的所有者——以促进由水利驱动的作坊的建立。这些法律要么允许作坊主于事前通过支付赔偿金给土地所有者，以实现对土地的征收；要么允许作坊主在事后因其建立水坝而对所有权人土地的损害行为支付赔偿金。② 但是，不论是哪种形式的损害赔偿，都被认为是出让人对受让人的一种隐性补偿。③ 总之，作坊法案授予了私当事人在支付给另一方私主体一定数额的价金的前提下，征收与其土地相邻土地的权利。

任何法律在适用时都需要被解释，而这些解释并不是无凭无据的，它们背后都有深刻的理论及现实依据。法律的解释是沟通法律与现实的桥梁，作坊法案的发展与变化就体现了这一规律。

最早的作坊法案由马萨诸塞殖民地的立法机关于 1713 年制定，然而，这一制定法很少被使用，原因在于马萨诸塞的法院拒绝解释该法律。此后，该制定法分别于 1795 年和 1798 年被修订，直到此时，马萨诸塞州的作坊法案才得到了适用的机会。此后，"大量的州和准州 (territories) 以马萨诸塞州的法律为模本，通过了作坊法案"。④ 换言之，作坊法案自其诞生到首次被使用中间相隔 80 多年，直接原因在于法院拒绝对其进行解释，以至于它无法得到适用。而一旦法院决定适用作坊法案并对其进行解释，它很快就开始发挥作用，并得到了迅速的传播。到 1884 年为止，总共有 29 个州制定了所谓的"作坊法案"。⑤

虽然各州作坊法案的规定不尽相同，但是其合法性基础却是基本一致的，即"公共使用"原则。各州议会和法院对该原则的解释，构成了作坊法案发展的主

---

① 霍维茨. 美国法的变迁：1780-1860[M]. 谢鸿飞，译，北京：中国政法大学出版社，2004：72.

② Emily A. Johnson, *Reconciling Originalism and the History of the Public Use Clause,* 79 Fordham L.Rev. 265, 306-307 (2010).

③ John F. Hart, *Land Use Law in the Early Republic and the Original Meaning of the Takings Clause,* 94 Nw.U.L.Rev. 1099, 1116 (2000).

④ 霍维茨. 美国法的变迁：1780-1860[M]. 谢鸿飞，译，北京：中国政法大学出版社，2004：73.

⑤ Head v. Amoskeag Manuf'g Co., 113 U.S. 9 (1885).

线。18 世纪末到 19 世纪初这段时期，法院依据各州的作坊法案审理案件时，法官们在支持土地征收的判决中，几乎都会指出：允许私主体对土地进行征收是出于促进公众利益的目的。该判决理由的合理性则来源于当时作坊的公共性质，或者说法官观念中作坊的公共性质。例如在斯托厄尔诉弗拉格案 (Stowell v. Flagg) 中，法官就支持了作坊主的土地征收行为，其理由是，建立作坊虽然导致了邻近的土地被淹没，但这是利用水利所必须的，并且作坊的建立满足了"公共使用"的要求。[①] 这是因为，当时，法官认为作坊是具有公共属性的企业，其表现就是作坊供当地社区居民共同使用。这就是公共使用原则最初的来源。总之，"公共使用"原则构成了作坊法案下私主体行使土地征收权的合法性基础。

作坊法案在 18 世纪中后期和 19 世纪初的美国，开始被广泛地解释适用，并确立了征收制度的核心原则——"公共使用"原则，从而为美国征收法日后的发展奠定了基础。作坊法案在这段时间内的蓬勃发展的直接原因在于当时美国法律观念的变迁。法律观念的变迁一方面使制定法的管辖领域得到扩展，数量得以扩充；另一方面则使普通法规则完成了现代化转变，结果就是制定法与普通法获得了同等的地位，法官抛弃了原有的偏见，变得更具能动性，从而使制定法的广泛适用成为可能。在以上两方面因素的共同作用下，"公共使用"原则便在立法者和法官对作坊法案解释适用的过程中诞生了。

美国征收制度的核心内容是"公共使用"条款，该条款所表述的"公共使用"原则诞生于立法者对作坊法案的解释适用。可以说，公共使用原则内涵的变化，在一定程度上决定并代表了征收制度的变迁。

在美国独立的年代中，立法者对公共使用原则的解释经历了从重形式到重实质的变化。从当时的制定法和判例来看，其中的一部分认为，私主体对土地的征收只要能促进当地整体福利的提升，使当地居民间接获益，就构成了对土地的"公共使用"，而并不需要当地居民实际使用作坊；另一部分则认为，当地居民必须直接从私主体的征收行为中获益，才能构成"公共使用"，这就要求作坊主通过土地征收建立的作坊必须对当地所有居民开放。总之，法院对公共使用原则的解

---

① Stowell v. Flagg, 11 Mass. 364 (1814).

释是发展变化的。在 18 世纪末期和 19 世纪早期，一些州仅以征收能促进经济发展为由，就允许土地征收；而另一些州则要求公众必须能够实际使用被征收的土地。[①]

在扩张适用"公共使用"原则的州中，对于以促进公共利益为由进行的土地征收，法院更关注的是土地征收行为背后所隐藏的利益，而不是征收者征收土地的真实目的。详言之，倾向于扩张适用"公共使用"原则的法院认为，土地征收行为有助于当地私人企业的发展，这对于促进当地整体福利的增长具有重要作用。因此，只要对整体福利的增长有益，征收行为就满足了"公共使用"的目的，至于征收者到底如何使用被征收的土地，并不在法院的考量范围之内。

例如在斯托厄尔诉弗拉格案中，法院的上述观点表现得尤为明显。在 1814 年的判决中，法院指出，因为作坊对公共福利的发展具有特别重要的作用，所以，即使土地被必须因利用水力而引起的泛洪所损毁，也符合"公共使用"的要求，从而不构成侵权。[②] 显然，在该案的判决中，法院并没有纠缠于淹没土地的行为如何促进私人企业的发展。

当扩张适用"公共使用"原则时，法官在观念中已经把"公共使用"等同于整体福利的增长，并且不去深究这种增长是否真实存在。霍维茨认为产生这种观念的原因是："就其（作坊）服务的对象而言，作坊是公共的。"[③] 但该观点并不是一个令人满意的解释，当时不少州的作坊法案并没有直接指出作坊的公共属性，当地的作坊也并不对公众开放，而这些州的法官依旧扩张适用"公共使用"原则。[④] 笔者认为，法官对公共使用原则的扩张性适用，是美国建国时期法律观念与意识形态共同作用的结果。首先，法律观念的变迁一方面造成了法律合法性的重塑，另一方面使法官能够也更愿意通过手中掌握的司法权，促进经济的发展。

其次，古典自由主义思想也是一个重要的因素，它很好地满足了法官运用司

---

① Emily A. Johnson, *Reconciling Originalism and the History of the Public Use Clause,* 79 Fordham L.Rev. 265, 307 (2010).

② Stowell v. Flagg, 11 Mass. 364 (1814).

③ 霍维茨. 美国法的变迁：1780–1860[M]. 谢鸿飞，译，北京：中国政法大学出版社，2004：76.

④ John F. Hart, Colonial Land Use Law and Its Significance for Modern Takings Doctrine, 109 Harv. L. Rev. 1252 1267 (1996). Also see, Emily A. Johnson, Reconciling Originalism and the History of the Public Use Clause, 79 Fordham L. Rev. 265, n. 377 & n. 388 (2010).

法权促进经济发展的冲动。所谓古典自由主义思想，就是认为个人利益的位阶高于公共利益。[①] 在早期美国，自然权利和社会契约是自由主义者意识形态中的关键概念，他们对这两个关键概念的看法深受约翰·洛克理论的影响。[②] 自由主义者把财产权看做是最重要的个人权利，并且认为财产权与自由紧密相连。这种自由主义的意识形态，具体到财产征收领域就表现为，自由主义者认为必须对当事人受到的损失进行补偿或赔偿，只有这样才能使土地征收具有合法性。然而，土地征收毕竟是对个人财产权的侵犯，为了防止权力的滥用，必须用"公共使用"原则对其进行限制。不过，由于自由主义更重视个人利益的特点，自由主义者们在适用"公共使用"原则时，不会真的要求征收者直接牺牲自己的利益去满足公共的需求，不会真的要求征收者直接牺牲自己的利益去满足公共的需求，而是通过'公共使用'原则的扩张适用，鼓励私主体的征收行为。详言之，在古典自由主义意识形态的影响下，法官首先考虑的是作为个体的人的利益，即使有限制私主体征收权的"公共使用"原则，也是为了保证人与人之间平等的自然权利不受破坏，从而更好地实现个人的自由。所以，"公共使用"原则在扩张适用时，旨在保护作为个体的人的自由权利，其实质是为私主体为自身利益而采取的征收行为披上了一层合法的外衣，以达到顺利实现土地征收的目的。所谓的形式的"公共使用"正是在这个意义上成立的。

在作坊法案发展的过程中，几乎同时但仍然稍晚于扩张适用兴起的，是对"公共使用"原则的限制解释。限制使用兴起后，议会与法院都开始认为，必须严格依据作坊法案中"公共使用"的字面意思对该原则进行解释，以实现限制征收权的目的。此时，法院在实际适用公共使用原则时，逐渐开始强调征收人对被征收土地的实际使用状况。[③] 简言之，随着"公共使用"原则的限制解释的兴起，法院更加强调被征收土地在使用时，必须被公众直接地实际地使用，即实质的"公

---

① William Michael Treanor, *The Original Understanding of the Takings Clause and the Political Process,* 95 Colum. L. Rev. 782, 821 (1995).

② Emily A. *Johnson, Reconciling Originalism and the History of the Public Use Clause,* 79 Fordham L. Rev. 265, n. 210 & n. 211 (2010).

③ Philip Nichols, Jr., *The Meaning of Public Use in the Law of Eminent Domain,* 20 B. U. L. Rev. 615, 626–627 (1940).

共使用"。

对形式的"公共使用"原则的较早的质疑出现在 1832 年。在哈丁诉古德莱特案 (Harding v. Goodlett) 中，田纳西州的法院认为，原告建立作坊只是行使征收权的借口，因为其作坊纯粹是私人企业。① 该案表明，法官对于作坊的公共性质的笃信已经开始动摇。随后，在布拉德古德诉莫霍克与哈德逊公司案 (Bloodgood v. Mohawk & Hudson R.R. Co.) 中，法院明确指出：对于"公共使用"原则的扩张适用根本就没有给征收权施加任何限制。法官在该案的判决中质疑道："当我们背离了'公共使用'一词本来的含义，并且用公共事业、公共权益、共同利益、整体利益或便利，以及公用事业等内涵替换其本意时，还能为针对私有财产的征收施加任何限制吗？"② 此后，对公共使用原则的限制适用逐渐被一些法院采纳。例如，在泰勒诉比其尔案 (Tyler v. Beacher) 中，一位作坊主向佛蒙特州法院提出申请，以使他能够获得淹没其邻居土地的权利。但是法院驳回了他的起诉，并指出该征收行为并不以"公共使用"为目的，因为该州的制定法并没有要求作坊主向公众开放其作坊以提供服务。由此可见，法院秉持了这样一种观念，即这种征收纯粹是私当事人之间的财产转让，而不是以"公共使用"为目的的财产征收，因此不应当适用作坊法案。③ 在该案的判决做出仅仅六年后，密歇根州最高法院在其管辖的一起案件中做出了更为激进的判决，该院直接判定本州的"作坊法案"违反该州的宪法。在瑞尔森诉布朗案 (Ryerson v. Brown) 中，密歇根州最高法院宣称，本州一项旨在鼓励建立由水力驱动的作坊的制定法违反了州宪法。原因在于，该制定法"应当要求实际的'公共使用'，即它应当包含有授权公众使用作坊的条款"。④

通过上述案例可以看出，在公共使用原则从扩张适用到限制适用的变化过程中，法院先后采取了两种不同的处理方法：(1) 一些法院只是简单地在个案中判定依据"作坊法案"而为的征收行为无效；(2) 另一些法院则是更加激进，直接通过个案的审判宣布"作坊法案"违宪。但是，不论哪一种处理方法，法院的理由都

---

① Harding v. Goodlett, 11 Tenn. 40 (1832). *See Emily A. Johnson, Reconciling Originalism and the History of the Public Use Clause,* 79 Fordham L. Rev. 265, n. 400 (2010).

② Bloodgood v. Mohawk & Hudson R.R. Co., 18 Wend. 9, 60–62 (1837).

③ Tyler v. Beacher, 44 Vt. 648, 649, 652, 653 (1871).

④ Ryerson v. Brown, 35 Mich. 333, 334, 342 (1877).

是：依据作坊法案而为的征收行为只是作坊主建立私有性企业的借口，因为这种征收并没有使当地的居民直接从中获益。此时法院对于"公共使用"原则的解释标准已经明显地发生了改变，不再像以前那样把"公共使用"笼统地解释为当地社区整体福利的增长，而是采用了一种更加具体的标准，认为要满足"公共使用"的要求，作坊必须对当地居民开放，以表明该作坊的公共属性，即公众必须能够从作坊中直接获取利益。这种标准的出现标志着：(1) 作坊的公共属性① 已经在法官的观念中动摇。(2) 对于"公共使用"原则的解释已经从形式转向实质。

　　与"公共使用"原则的扩张解释类似，限制性解释的出现，除了法律观念的变迁外，还受到了早期美国意识形态的影响。如前所述，在自由主义思想在意识形态领域取得了主导地位时，法院扩张性地解释了"公共使用"原则。但是自由主义思想并非美国早期意识形态的全部，在建国时代，共和主义思想同样在意识形态领域占据重要地位。它与自由主义思想一起，共同影响了建国时代美国人的财产权观念。②

　　美国古典共和主义的思想源泉在古罗马共和国。持此种观念的人认为古罗马共和国的灭亡不是因为外敌入侵，而是其内部的腐化堕落。因此，共和主义者主张社会成员有必要为了公共利益而牺牲个人利益。与自由主义相比，共和主义更强调全体公民的利益。因此，共和主义者认为只有整体福利的增长，最终才能使个人利益得到实现。这与自由主义意识形态的主张正好相反，自由主义者认为个人利益的实现是整体福利增长的前提。正是在共和主义意识形态主导之下，法院逐渐开始要求因征收而建立的作坊必须对当地社区的全体居民开放，否则就不构成"公共使用"。

　　总之，作坊法案作为美国早期土地征收的重要法律依据，其发展变化基本围绕被征收土地的"公共使用"这一问题展开，并从中抽象出了财产征收领域一直

---

① 这种公共属性在最开始是实质性的，因为当时的作坊是完全面向本地社区居民开放的，它是当地经济生活的中心，不过随着经济的发展，作坊的私有属性逐渐凸显。其最初的公共性已经在实际上消失了，此时法院对作坊公共性的确认只是一种受法官观念影响的拟制的公共性。霍维茨．美国法的变迁：1780–1860[M].谢鸿飞，译，北京：中国政法大学出版社，2004：75–78.

② Alberto B. Lopez, *Weighing and Reweighing Eminent Domain's Political Philosophies Post-Kelo*, 41 Wake Forest L. Rev. 237, 245 (2006).

使用至今的"公共使用"原则。换言之，早在美国的建国时代，土地征收法律问题的本质就是如何解释并适用"公共使用"原则，进而使征收行为可以合法地存在与进行。作为土地征收法律制度核心的"公共使用"原则，各州法院对它的解释适用先后经历了扩张性解释（形式的"公共使用"）和限制性解释（实质的"公共使用"）的发展过程。其中，美国法律观念的变化是首要的内在原因，它使作坊法案成为了实际发生效力的法律，而建国时代的意识形态则是解释标准变化的外在原因。

二、公路法案

在殖民地时期，另一种集中体现英国征收法影响的立法是公路法案（HighwayActs）。所谓公路法案是指，各殖民地政府因兴建公路征收土地时，由立法机关制定的，规定何种土地应当给予赔偿的法律规范。[①] 当时，几乎所有的殖民地都制定过公路法案，其中许多法案的效力一直延续到独立战争爆发。与作坊法案不同，公路法案的文本一般不对"公共使用"做明确表述，但是却明确地规定了给予被征收者"合理赔偿"。总体而言，虽然各殖民地公路法案关于赔偿方式的措辞不同，但其实质却是一致的，即政府应当给予被征收者合理的赔偿。

1632年，弗吉尼亚在所有北美殖民地中率先制定了公路法案。该法案规定，弗吉尼亚政府可以在必要且方便的地点修建公路。但是，不论是该法案，还是弗吉尼亚以后的立法都规定，政府不必为任何穿越私人土地的公路支付赔偿。[②]

1635年，马萨诸塞湾制定了该殖民地第一部公路法案。作为一般法，该法案旨在解决乡村道路布局不合理的问题。该法规定，常设法院（General Courts）应当授权助理法院（Court of Assistants）规划并建设所需道路，并修正不合理的道路。[③]

---

① John F. Hart, Takings and Compensation in Early America: The Colonial Highway Acts in Social Context, 40 Am. J. Legal Hist. 253, 257 (1996).

② Virginia., (180923). The statutes at large: being a collection of all the laws of Virginia, from the first session of the legislature, in the year 1619. Published pursuant to an act of the General assembly of Virginia, passed on the fifth day of February one thousand eight hundred and eight ... Vol. 1. Richmond: Printed by and for Samuel Pleasants, junior, printer to the commonwealth. 199.

③ Massachusetts., (185354). Records of the governor and company of the Massachusetts bay in New England: Printed by order of the legislature, Vol. 1. Boston: W. White, printer to the commonwealth. 14I.

1639 年，马萨诸塞湾殖民地的另一项法案规定，若任何私有的已开发土地因新建道路而遭受严重损失，当地政府应当给予其合理赔偿。[①] 1660 年，上述规定的适用范围被拓展：任何公民的已开发土地只要遭受损失，即可获得合理赔偿。赔偿不再被限于针对"严重的损失"。此后的 1693 年，该规定再次被立法机关扩张：合理赔偿不仅针对已开发的土地，还包括了公民的其他土地财产。到 1740 年时，马萨诸塞殖民地最终将征收赔偿的范围拓展至所有类型的土地。当时的法律规定，公民的土地或私有财产因新建公路遭受损失的，都应当获得合理赔偿。[②]

普利茅斯殖民地 1636 年的公路法案规定，若政府需要新建公路，总督就应当任命一个陪审团进行规划，以保证新公路能够使公共利益最大化，并确保任何特定的个人不因立法而遭受歧视。但该法案并未提及赔偿之事。[③] 直到 1685 年，普利茅斯才再次立法规定，若城镇公路穿越公民的土地，政府应当给予合理的赔偿。[④] 1686 年，普利茅斯并入马萨诸塞湾殖民地，其立法实践也随之终止。

马里兰于 1666 年制定了第一部公路法。该法虽然同样没有规定赔偿条款，但却规定不得在任何公民的院子、果园或玉米地上修建公路。[⑤] 此规定表明，政府可以使用其他类型的土地，而不向所有者支付赔偿。即使如此，前述旨在禁止政府在已开发土地上随意铺设公路的规定仍然被废止了。1704 年，马里兰的新公路法规定，任何在现有种植园或已开发土地上铺设道路的决定，都必须依该法规定的程序做出。[⑥] 此后，殖民地时期的马里兰就再也没有进一步的一般性公路立法了。

东新泽西殖民地于 1675 年开始了一般性公路法的制定工作。1675 年的一项

---

① Massachusetts., (185354). Records of the governor and company of the Massachusetts bay in New England: Printed by order of the legislature, Vol. 1. Boston: W. White, printer to the commonwealth. 280.

② John F. Hart, Takings and Compensation in Early America: The Colonial Highway Acts in Social Context, 40 Am. J. Legal Hist. 253, 259 (1996).

③ New Plymouth Colony., (185561). Records of the colony of New Plymouth, in New England, Vol. 11. Boston: Press of W. White. 11.

④ New Plymouth Colony., (185561). Records of the colony of New Plymouth, in New England, Vol. 11. Boston: Press of W. White. 31.

⑤ Steiner, B. Christian., Hall, C. Colman., Browne, W. Hand., Maryland State Archives., Maryland Historical Society., Archives of Maryland. Vol. 2. Baltimore: Maryland Historical Society. 134.

⑥ Steiner, B. Christian., Hall, C. Colman., Browne, W. Hand., Maryland State Archives., Maryland Historical Society., Archives of Maryland, Vol. 26. Baltimore: Maryland Historical Society. 251.

法案规定，公路的规划由地方官员负责，但并未提及征收赔偿。与此相对，西新泽西殖民地的公路法则规定，任何因新建公路而被征收土地的所有权人，都应当获得合理赔偿。在东西新泽西合并后，新成立的新泽西殖民地于 1704 年遵循东新泽西的先例，制定了新的公路法案。虽然新法允许土地所有权人对修建公路的位置提出异议，但并未规定赔偿条款。甚至直到殖民时代结束，新泽西都不曾制定过相关规定。[1]

纽约则在针对新建公路的赔偿问题上几易立场。1691 年，纽约殖民地议会授权各市镇规划公路。该法规定，市镇若要规划公路，应当遵循有本市镇大多数不动产所有者批准的谨慎的规则与法令。[2] 换言之，所有赔偿问题都由市镇当局解决。1721 年的公路法案却明确规定，政府若在任何已开发土地或圈封土地 (enclosed land) 上修建公路，就应当向土地所有权人支付其失去土地的"真实的和全部的价格"。[3] 但在 1730 年之后，纽约的公路征收问题就开始由一系列仅适用于特定郡的立法调整。其中一项适用于四个郡（国王郡、王后郡、里士满郡和奥兰治郡）的制定法将 1721 年法中需要赔偿的土地的类型，由圈封土地或已开发土地拓展为任何私人拥有的土地。[4] 萨福克郡的赔偿范围则更加广泛，不仅包括单一私人所有的土地，也包括若干私人共有的土地。到 18 世纪 70 年代，萨福克郡的法律规定又被达切斯郡、奥兰治郡和西切斯特郡的立法采纳。其他郡一直采用 1721 年公路法案的规定——仅赔偿圈封土地和已开发土地——直至殖民时代结束而未做改变。

宾夕法尼亚 1699 年的公路法案规定，所有的公共道路都应由总督和理事会规划，而其他通向公共道路的便道，则由郡法院依申请规划。[5] 一年后，宾夕法

---

[1] John F. Hart, Takings and Compensation in Early America: The Colonial Highway Acts in Social Context, 40 Am. J. Legal Hist. 253, 260 (1996).

[2] New York (State), (1894). The colonial laws of New York from the year 1664 to the revolution ..., Vol. 1. Albany: J.B. Lyon, state printer. 226.

[3] New York (State), (1894). The colonial laws of New York from the year 1664 to the revolution ..., Vol. 2. Albany: J.B. Lyon, state printer. 70.

[4] New York (State), (1894). The colonial laws of New York from the year 1664 to the revolution ..., Vol 2. Albany: J.B. Lyon, state printer. 661.

[5] Pennsylvania., (1879). Charter to William Penn, and laws of the province of Pennsylvania: passed between the years 1682 and 1700, preceded by Duke of York's laws in force from the year 1676 to

尼亚对该法案进行了修订，增加了有关征收的规定。1700 年法规定，若规划的道路需要穿过已经开发的土地，则所有权人应当获得相应的赔偿。宾夕法尼亚的其他一些立法还规定，在所有重新测量的土地和未来用于流转的土地中，每一百英亩应当包含 6 英亩土地用于未来道路的建设。

1704 年，特拉华从宾夕法尼亚殖民地中独立出来，并组建了自己的立法机关。同年，特拉华议会制定了首部公路法案。1704 年的公路法案是对宾夕法尼亚 1700 年法案的继承。随后，特拉华议会在另一项新的一般性公路法案中重申了 1704 年法中的赔偿规定：若新建公路位于已开发土地上，那么土地所有权人就应当获得与损失相当的赔偿。[1] 与宾夕法尼亚的立法一致，特拉华政府在授予土地时会保留受让人获得土地总面积的 6%，以备未来道路的建设。此外，在整个殖民地时期，特拉华的立法都规定，未开发的土地不在公路法的赔偿范围之内。

南卡罗来纳的首部公路法案诞生于 17 世纪末，但目前现存的版本只能追溯至 1721 年。政府新建公路而征收私有土地的，该法并未规定应当给予赔偿。南卡罗来纳 1721 年法中不给予赔偿之规定的效力，贯穿了整个殖民地时代。[2]

新罕布什尔在 1698 年的公路法案中规定，政府因新建公路而征收公民的土地，应当向其支付合理赔偿。[3] 此规定的效力贯穿整个殖民地时代。

康涅狄格 1702 年公路法案中的赔偿条款沿用了马萨诸塞 1693 年法的规定。康涅狄格的法律规定，政府新建"公路或连接市镇的公共道路"，"若因此损害了某人的私有财产 (propriety)，或未开发土地"，就应当给予其"合理赔偿"。[4] 同时，该法案还对如何评估损失进行了规定。与马萨诸塞一样，康涅狄格法中的"私有

the year 1682, with an Appendix containing laws relating to the organization of the provincial courts and historical matter. Harrisburg: L.S. Hart, State Printer, 285–286.

[1] See, John F. Hart, Takings and Compensation in Early America: The Colonial Highway Acts in Social Context, 40 Am. J. Legal Hist. 253, 262 (1996).

[2] See, John F. Hart, Takings and Compensation in Early America: The Colonial Highway Acts in Social Context, 40 Am. J. Legal Hist. 253, 262 (1996).

[3] New Hampshire., (190422). Laws of New Hampshire, including public and private acts and resolves and the royal commissions and instructions: with historical and descriptive notes, and an appendix ..., Vol. 1. Manchester, N. H.: The John B. Clarke company. 600–601.

[4] Connecticut., (1901). Acts and laws of His Majesties Colony of Connecticut in New-England: printed in 1702 and now first reissued. Hartford: The Case, Lockwood & Brainard Company, 50.

财产"一词是指，市镇政府将其所有的土地授予一群耕种者后，该群体内部个人按份额单独保有的土地。[1] 1773 年，康涅狄格修订了 1702 年的公路法，并将所有"私有财产"都纳入赔偿范围，而不再将未开发土地排除在外。

北卡罗来纳 1715 年的一般道路建设法规定，公共道路的规划建设应当以对私有财产损害最小的方式展开。同时，私人因道路建设而遭受财产损失的，政府应当对其损失部分进行赔偿。该规定在北卡罗来纳的整个殖民地时期都有效。[2]

同是在 1715 年，罗德岛制定了第一部公路法。该法案规定，一切因新建公路而被征收土地都应获得与其价值相当的赔偿。[3] 1715 年法经过修订后，政府应当支付给土地所有者的赔偿被定义为，"公路因穿过私有土地而对（土地主）造成的损害。"[4]

在最初的 13 个殖民地中，佐治亚是最后制定公路法案的。该殖民地 1755 年的法案规定，公路调查员 (highway surveyors) 有权"依据谨慎原则……规划本殖民地内的公路、私人道路、桥梁、通海小港、堤道和水道。"[5] 但是，为此提供土地的所有权人无法因此获得任何赔偿。前述规定的效力贯穿佐治亚的整个殖民时期。

综上所述，殖民地时期美国继承自英国的三大征收法制度要素是英国近现代化的必然结果。首先，中央集权、各政府部门职能的专业化使征收权从国王转向议会，并区别于国王特权的内因。纵观英国国王与议会之间的斗争，实际上就是两者间权力不断此消彼长的过程，也正是在这个过程中，英国实现了近现代意义上的中央集权，并进一步将集中的权力分配给已经专业化了的各政府部门。诚如

---

[1] Connecticut., (1901). Acts and laws of His Majesties Colony of Connecticut in New-England: printed in 1702 and now first reissued. Hartford: The Case, Lockwood & Brainard Company, 50.

[2] North Carolina., (1886-1907). The state records of North Carolina. Goldsboro, Vol. 23. N. C.: Nash brothers, printers. 46-47; 449.

[3] R.I. Col.Stat. 1715 (An Act, For convenient Laying out of High-ways and Roads in several Towns within this colony, where wanted), in The Earliest Acts and Laws of the Colony of Rhode Island and Providence Plantations, at 209.

[4] John F. Hart, Takings and Compensation in Early America: The Colonial Highway Acts in Social Context, 40 Am. J. Legal Hist. 253, 263 (1996).

[5] John F. Hart, Takings and Compensation in Early America: The Colonial Highway Acts in Social Context, 40 Am. J. Legal Hist. 253, 263 (1996).

上文所述，在此过程中，议会逐渐成为了行使征收权的唯一适格主体。然而，由于征收权最初源自国王，并且与国王特权具有千丝万缕的联系，因而成为了现代征收法中行政机关行使征收权的历史基础。总之，及至 1427 年，英国已经出现了现代意义上的征收法，即为了实现某种公共利益，议会制定征收法律，授权行政机关实施，并向被征收者支付赔偿金。其次，殖民地时期的美国直接借鉴了英国的法律实践，制定了一系列征收性法律。由于北美殖民地并不是独立的主权国家，因此殖民地的立法机关在法理上并不具备行使征收权的资格。但是，在实际施政过程中，殖民地政府又不得不实施征收，以作坊法案和公路法案为代表的一系列征收性法律便由此诞生。这些法律只具备英国征收法三个主要制度要素中的两个。作坊法案就只体现了征收权应当由立法机关行使，以及征收必须出于公共性的需求；公路法案则主要体现了由立法机关行使征收权，以及被征收财产者应当获得合理赔偿。前述立法实践最终成为了美国宪法中征收条款的构成要件，即"公共使用"与"合理赔偿"。其中，法院、立法机关对于"公共使用"含义的争论一直持续到今天，并为国家征收制度在现代社会中变迁提供了基本路径。

第二章 征收法律制度的起点：征收条款

在经历了近两百年的发展后，北美殖民地最终走上了争取独立的道路。又经历了长达 6 年的艰苦抗争之后，13 个英属北美殖民地最终战胜英国，获得了独立的地位。但是，战争也对北美殖民地的财产秩序产生了巨大的冲击，其中最为严重的负面影响就是褫夺公权法案的广泛适用。为了消除其影响，美国的制宪者们在战后迅速制定了地方性宪法或宪法性文件。它们最终成为了联邦宪法中征收条款的雏形。

虽然在州的制宪活动中，各州宪法都包含了规范征收权行使的条款，但麦迪逊仍然坚持在《权利法案》中加入类似的规定，以规范联邦政府的征收行为。日后成为美国征收法律制度基础的征收条款就此诞生。褫夺公权法案的泛滥及其影响显然深深地触动了麦迪逊，因此征收条款最可能的立法目的便是限制政府对征收权的行使。最终，在征收条款的作用下，美国的财产秩序得以恢复。

第一节 征收条款诞生的历史原因

一、褫夺公权法案及其对财产秩序的冲击

在美国的法律史中，褫夺公权法案完全是出于战争之需要而出现的。在独立

战争爆发前的几十年间，北美殖民地的法律中完全不见褫夺公权法案的踪迹。[①]
但是，为了赢取独立战争的胜利，美国政府开始借鉴英国法中早已被废弃不用的
褫夺公权法案 (Bills of Attainder)。1776 年独立宣言发表后，各州政府在获得了完
全的主权权力的同时，也不得不担负战争债务，并应付人数众多的亲英派。为此，
各州政府通过了大量的褫夺公权法案，以行使新获得的权力，进而解决前述问题，
并履行政府职能。因为借助褫夺公权法案，州政府可以不经赔偿便没收亲英派的
财产，从而以极低的成本高效地获得财政收入。

　　独立战争期间，各州对私有财产的大规模没收是对大陆会议决议的遵行。
1777 年，大陆会议的一项决议指示各州，应当尽快将其境内亲英派的动产、不
动产没收充公并出卖变现，以资助战事。[②] 此后，各州开始大规模地制定褫夺公
权法案。所有 13 个宣布独立的州最终都制定了该法案，其目的不仅在于惩罚亲
英派，更在于没收并变卖其财产换取战争资金。[③] 以纽约州为例，1779 年的褫
夺公权法案指控了 59 人为亲英派，并要求州政府将这些人在纽约州境内的一切
财产没收充公。纽约州则依据该法案，罚没了价值共计 360 万美元的财产。[④] 虽
然其他州罚没的财产不如纽约州之巨，但它们制定褫夺公权法案的目的却是一致
的——高效地获得财政收入。

　　1783 年，英美双方为结束战争，在巴黎的凡尔赛宫签订了和平条约，其中
包含了消除褫夺公权法案不利影响的规定。根据该条约，美国政府应当停止一切
没收私有财产充公的行为。同时，联邦政府应当要求各州向财产被没收充公的亲
英派进行赔偿。[⑤] 但是，各州政府既不终止褫夺行为，又怠于支付赔偿。甚至到
了 1787 年，汉密尔顿仍在竭力反对纽约州的褫夺公权法案；而北卡罗来纳州对

① Levy L. (1999). Origins of the Bill of Rights. Cumberland RI: Yale University Press. 70.

② United States. Continental Congress., (190437). Journals of the Continental Congress, Vol. 9. Washington: U.S. Govt. Print. Off. 971.

③ Van Tyne C. H. (2010) The Loyalist in the American Revolution. Whitefish, MT: Kessinger Publishing LLC., app. C at 335–341.

④ Van Tyne C. H. (2010) The Loyalist in the American Revolution. Whitefish, MT: Kessinger Publishing LLC. 280.

⑤ See, United States. Continental Congress., (182021). Secret journals of the acts and proceedings of Congress, from the first meeting thereof to the dissolution of the Confederation Vol. 3. Boston: Printed and published by Thomas B. Wait. 433–442 (William S. Hein & Co., reprint 2005)

亲英派财产的罚没则一直持续到 1790 年。

1792 年，英国首相詹姆斯·哈蒙德 (James Hammond) 在给托马斯·杰斐逊的信中指出，英格兰人对于战争期间各种制定的褫夺公权法案仍然记忆犹新。他认为，战争期间北美各州立法通过褫夺公权法案，主要是借罚没私有财产获取财政收入支持公共行政。[①] 除了支付战争费用，一些州还通过罚没私有财产获得的收入修建公共设施。可见，州政府将许多被罚没的财产用于实现政府的公共目的，而这通常应借助征收权实现。

鉴于褫夺公权法案潜在的恣意性，以及各州在独立战争中的滥用，美国的国父们开始担忧各州迟迟不愿废止褫夺公权法案，可能会侵犯无辜公民的基本权利。其中，汉密尔顿和麦迪逊针对褫夺公权法案带来的宪法问题，进行了深入的阐述。他们都认为，褫夺公权法案极易被立法机关用于剥夺公民的自由权和财产权，并否定其受正当程序的保护的权利。[②]

汉密尔顿早在 1784 年就清楚地表达了上述认识。当时，纽约州公民普遍认为应当限制本州亲英派的投票权，或者将之驱逐出境以示惩罚。汉密尔顿对此表示强烈反对。[③] 他指出，纽约州的土地法，以及宪法中的正当程序条款都禁止以歧视性的手段处罚亲英派。他还借此进一步批评了纽约州制定的褫夺公权法案。汉密尔顿认为，英国确实曾以议会立法的形式罚没触犯叛国罪之公民的财产，但却遭到公民自由支持者的强烈谴责，因为这与自然正义、自由和法律的基本原则矛盾。因此，褫夺公权法案仅仅适用于特定的个人，而不应当披着对世法的外衣规范全体社会成员。[④] 最终，在汉密尔顿的努力下，纽约州的宪法明确禁止了褫

---

①   Jefferson, T. (189299). The writings of Thomas Jefferson Vol. 6. New York [etc.]: G.P. Putnam's Sons. 11–12

②   See, Alexander Hamilton, A Letter from Phocion to the Considerate Citizens of New York (January 1784), reprinted in 3 The Papers of Alexander Hamilton 483 notes168-176, (Harold C. Syrett & Jacob E. Cooke eds., 1962).

③   Alexander Hamilton, A Letter from Phocion to the Considerate Citizens of New York (January 1784), reprinted in 3 The Papers of Alexander Hamilton 483, 483–484, n.1 (Harold C. Syrett & Jacob E. Cooke eds., 1962).

④   Alexander Hamilton, A Letter from Phocion to the Considerate Citizens of New York (January 1784), reprinted in 3 The Papers of Alexander Hamilton 483, 485–486 (Harold C. Syrett & Jacob E. Cooke eds., 1962).

夺公权法案。

麦迪逊在1794年公开表达了他对褫夺公权法案的看法。[①] 在当年的一份国情咨文中，华盛顿总统提及威士忌叛乱 (Whiskey Rebellion) 获得了某种"自我创造的社会"(self-created society) 的支持。而当时的美国人普遍认为，这种社会的形成受到了民主共和党地方性宪章的启发，这也是杰斐逊和麦迪逊所在的政党。[②] 而对于是否应当颁布法律反对这种社会，众议院进行了激烈的讨论。作为当时众议院的议员以及坚定的民主共和党成员，麦迪逊极力反对众议院立法否定"自我创造的社会"。他认为，众议院若通过此立法，就是在宪法框架外对特定阶层或个人实施的严厉惩罚，就是对公民权利的剥夺。谋杀或叛国不应当由立法机关认定。[③] 换言之，当立法机关不经法律的正当程序，就认定某一个人或团体是叛国者或犯罪者时，褫夺公民权利或财产就发生了。

由此可见，麦迪逊与汉密尔顿都反对不受限制的立法权，尤其是立法机关僭越履行司法职能。换言之，立法机关制定褫夺公权法案就是对司法权的僭越，因为立法机关未经正当程序就通过立法剥夺了公民的自由和财产。

此外，麦迪逊还在《联邦党人文集》第44篇中直接论述了褫夺公权法案的危害。他指出：

褫夺公权的立法，追求既往的立法，废止合同义务的立法，违反社会契约的基本原理，也违反稳健的立法原则。……严肃的美国人民，对各邦议会过去决策时常浮动不定，的确担心。他们看到：各邦议会突然改变立法，影响私人利益，政策掌握在有企图心和有影响力的投机家手中，玩弄于鼓掌之间，让社会上勤奋工作、信息不够灵通的人堕入圈套。他们还看见：各邦议会的介入，一旦开始，

---

① Madison, J. (190010). The writings of James Madison, comprising his public papers and his private correspondence, Vol 6. New York [etc.]: Putnam's sons. 221–223, n.1.

② Duane L. Ostler, Bills of Attainder and the Formation of the American Takings Clause at the Founding of the Republic, 32 Campbell L. Rev. 227, 264 (2010).

③ Madison, J. (190010). The writings of James Madison, comprising his public papers and his private correspondence, Vol. 6. New York [etc.]: Putnam's sons. 221–223, n.1. 此外，麦迪逊表达最为清楚的反褫夺公权法案的言论最早写于1785年，目的是反对弗吉尼亚州立法以税收支付神职人员工资。Madison, J. (190010). The writings of James Madison, comprising his public papers and his private correspondence, Vol. 2. New York [etc.]: Putnam's sons. 190–191.

就变成周而复始的漫长链条中的第一环；随后的每次介入，都是前次介入的自然结果。①

总之，褫夺公权法案的泛滥引发了制宪者们的广泛担忧，并因此在制定联邦宪法时加入了一些限制州权的条款，其中就包含一些与征收有关的规定。这些规定中最重要的当属禁止褫夺公权法案的条款。

第二节　美国政府保护财产秩序的努力

鉴于褫夺公权法案的泛滥严重地破坏了北美的财产制度，制宪者在立法时便把一些限制立法权的实体性规范写入其中，以保护殖民地公民的私有财产，恢复财产秩序。其中，佛蒙特州1777年宪法，马萨诸塞州1780年宪法，以及1787年《西北条例》是最早一批包含限制立法权的法律文件。

一、佛蒙特州宪法中的征收条款

在众多州中，佛蒙特州最先在其宪法中写入了相关规定。在独立革命时期，该州历史上混乱的地产关系使得褫夺公权法案大行其道，并最终使其从纽约州独立出来。最初，佛蒙特地区的居民主要是新罕布什尔的殖民者。1764年，英王乔治三世 (George III) 将此地授予了纽约殖民地，但该州总督拒绝承认新罕布什尔殖民者对于土地权利的主张。1774年独立战争爆发后，纽约州的立法机关甚至积极制定法律，支持州长剥夺新罕布什尔殖民者土地的主张。最终，佛蒙特州于1777年通过宪法宣布从纽约州独立出来。② 该宪法序言道明了分离的必要性。首先，纽约州的立法机关一再地否认佛蒙特州公民的地产权。其次，佛蒙特州与纽约州相距甚远，后者难以实施有效的管辖。③

---

① 汉密尔顿，麦迪逊，杰伊.联邦论 [M]. 尹宣，译.南京：译林出版社，2010：307~308.

② William M. Treanor, The Origins and Original Significance of the Just Compensation Clause of the Fifth Amendment, 94 Yale L. J. 694, 702 (1985).

③ William M. Treanor, The Origins and Original Significance of the Just Compensation Clause of the Fifth Amendment, 94 Yale L. J. 694, 702 (1985); also see, William M. Treanor, The Original

在正文中，佛蒙特州宪法明确规定，"不论何时，当任何人的财产以公共用途被征收后，被征收人都应当获得等价的货币作为赔偿。"[1] 宪法对立法机关进行如此明确的限制，直接原因在于纽约州议会企图剥夺该州公民的土地。在处理与纽约州的历史关系的过程中，佛蒙特州发现立法机关并不可信。它不仅不能有效地保护私人财产，反而会基于非正当的程序剥夺之。在纽约州境内，佛蒙特居民人数较少且远离州政府。这使得他们成为纽约政治生态中的弱势群体。因此，在独立战争期间，纽约州议会才能够通过立法剥夺佛蒙特居民的财产权利。质言之，当某地居民成为政治上的少数派时，其财产权最容易受到立法机关的威胁。因此，佛蒙特人在制定宪法时才会用实体性规定防止立法程序的失败。[2]

二、马萨诸塞州宪法中的征收条款

马萨诸塞州紧随佛蒙特州，于 1780 年在宪法中规定了征收条款，作为保护私有财产的实体性规范。与佛蒙特州相比，马萨诸塞州征收条款的诞生过程相对曲折。1778 年，该州制宪会议公布的宪法草案因为缺少对财产权的有效保护而遭到否决。否决草案的市镇普遍认为，宪法应当为保护财产权提供有效的制度机制，比如对选民和官员资格的财产限制。此后为了回应各市镇的要求，马萨诸塞州的制宪会议在 1780 年的宪法中加入了前述财产限制。除此之外，制宪会议还加入了征收条款，作为保护私有财产的实体性规定。该条款规定，"无论何时，当任何个人的财产因公共的迫切需求而被没收充公时，他都应当因此而获得合理的赔偿。"[3]

马萨诸塞州宪法中出现征收条款的原因虽然与佛蒙特州一样，即都是源自对立法机关的怀疑，但产生怀疑的背景却殊为不同。佛蒙特人的怀疑源自他州立法

Understanding of the Takings Clause and the Political Process, 95 Colum. L. Rev. 782, 829 (1995).

[1] Vt. Const. of 1777, ch. I, art. II, http://avalon.law.yale.edu/18th_century/vt01.asp (last accessed 2018-3-25).

[2] William M. Treanor, The Original Understanding of the Takings Clause and the Political Process, 95 Colum. L. Rev. 782, 829–830 (1995).

[3] Mass. Const. of 1780, part I, art. X, https://malegislature.gov/Laws/Constitution#pageTop (last accessed 2018-3-25).

机关对本地利益的漠视；而马萨诸塞人的怀疑则出于本地利益集团之间的矛盾。在马萨诸塞州，伴随着独立战争而来的是各利益集团之间的争斗。例如，西奥菲勒斯·帕森斯 (Theophilus Parsons) 就对 1778 年的局势评论道，政治必然由两个尖锐对立的利益集团组成，即有产者和无产者。① 忧惧于此，该州具有保守倾向的公民认为，立法机关极有可能沦为无产者攻击私有财产的工具。因此，征收条款才被写入 1780 年的州宪法。②

三、《西北条例》中的征收条款

1787 年《西北条例》中的征收条款规定："为了保护公共利益，政府当局可以因公共的迫切需要，而对个人财产实行征收；或要求其履行特定的义务。同时，政府当局应为其上述行为支付全额的赔偿。"③ 其中，"公共的迫切需要"(public exigencies) 和 "公共利益"(common preservation) 等词语表明，该条款主要针对军队将私有财产直接充公的行为。换言之，《西北条例》中征收条款规范的并非一般征收行为，而是那些以延续政治共同体为目的而迫切需要的财产充公。与上述两州的宪法规定相比，《西北条例》的规定更为直接地限制了独立战争期间以军事需要为旗号的褫夺公权行为。

在独立战争时期，军队和各州政府未经赔偿而大肆罚没财产充公，并引发美国社会的广泛担忧。约翰·杰伊 (John Jay)) 在 1778 年曾公开宣称，军队的褫夺行为既不受民事法院的管辖，也不符合土地法的规定。④ 圣乔治·塔克 (St. George Tucker) 则认为，征收条款被写入联邦宪法，就是为了限制独立战争期间被滥用的褫夺公权法案。⑤ 在独立战争期间，私有财产被罚没充公后，当事人若诉请赔偿，

---

① William M. Treanor, The Origins and Original Significance of the Just Compensation Clause of the Fifth Amendment, 94 Yale L. J. 694, 706 (1985).

② William M. Treanor, The Origins and Original Significance of the Just Compensation Clause of the Fifth Amendment, 94 Yale L. J. 694, 706 (1985).

③ Northwest Ordinance of 1787, Art. 2, http://avalon.law.yale.edu/18th_century/nworder.asp (last accessed 2018–3–25).

④ William M. Treanor, The Original Understanding of the Takings Clause and the Political Process, 95 Colum. L. Rev. 782, 831 (1995).

⑤ William M. Treanor, The Original Understanding of the Takings Clause and the Political Process,

则会被法院告知其不享有获得赔偿的请求权。[①]

第三节　联邦征收条款与麦迪逊

一、联邦征收条款的诞生

美国联邦征收条款包含于联邦宪法第五修正案中，"没有正当法律程序不得剥夺任何人的生命、自由和财产；未经公平赔偿，不得将私人财产充作公用。"[②]在制宪时期，该条款并非"国父"们关注的重点。当麦迪逊在《权利法案》草案中写入征收条款时，第一届国会的代表们对此几乎未置一词。当时，制宪者们除了受到盎格鲁－美利坚文化中自由主义思想的影响，还受到来自欧洲大陆的古典共和主义的影响。他们认为，设计良好的政治程序和禁止褫夺公权法案的规定就足以规范征收权的行使。这也是联邦宪法第一条第十款之规定的立法理由。但是，反联邦党人因新宪法缺少《权利法案》，而质疑其缺乏保护公民权利的措施，进而试图阻止宪法草案的通过。作为回应，麦迪逊代表联邦党人起草了《权利法案》。这才有了作为当今美国征收法律制度基础的征收条款 (takings clause)。简言之，反联邦党人对《权利法案》的要求，是征收条款诞生最直接的原因；而英国征收法律制度在北美殖民地的发展，尤其是独立时期褫夺公权法案的泛滥，则是促成征收款诞生的充分条件和深层原因。总之，联邦宪法中征收条款诞生于偶然的历史事件，但其中却蕴含着历史的必然。

在独立战争期间，除了各州大量制定的褫夺公权法案外，新成立的美国政府还滥发大陆币，人为制造严重的通货膨胀。这对私有财产权的损害也不容小觑。此外，战争使得美国的海外贸易规模急剧缩减。前述因素共同作用，致使美国

---

95 Colum. L. Rev. 782, 831–832 (1995).

[①]　William M. Treanor, The Original Understanding of the Takings Clause and the Political Process, 95 Colum. L. Rev. 782, 832 (1995).

[②]　U.S.C.A. Const. Amend. V.

经济陷入困境。为了摆脱经济困境，各州政府制定了一系列货币法 (tender laws)，强制债权人接受严重贬值的大陆币作为清偿债务的支付手段。最终，债务人在货币法的帮助下，以低于实际债务额的金钱清偿了债务。①

当时的美国人普遍认为，褫夺公权法案、纸币滥发和货币法都是对财产权的侵犯，且必然会破坏社会秩序。莫里斯 (Morris) 在 1780 年曾撰文警告，州政府一再侵犯财产权的行为，正在损害美国政府体系的稳定性。② 此外，新成立的美国急需吸引外部投资，恢复海外贸易，但州政府损害财产权的行为将会摧毁外国投资者的信心。

因此，在 1787 年制宪会议以前，许多美国政治家都希望通过建立更为集权的政府框架，以更有效地保护私有财产权。③ 但是，这种愿望又引起制宪者们对强大中央政府的惧怕与怀疑。这使得制宪会议不仅变成了冗长艰苦的讨价还价，反联邦党人还借机以宪法草案缺少保护州利益的《权利法案》，而拒绝与联邦党人妥协。在反联邦党人的推动下，各州宪法批准大会提交了超过 200 条宪法修正案。联邦党人最终不得不正视这些诉求，并接受其中一些温和的主张，以确保新宪法能顺利地在各州通过。1789 年 7 月 8 日，詹姆斯·麦迪逊向众议院提交了一份修正案草案。随后，众议院组织了一个包含各州议员的委员会，以审议麦迪逊的草案。

作为典型的联邦党人，麦迪逊并不寻求在宪法修正案中系统地宣告公民基本权利。相反，他认为这些修正案并非宪法所必需。虽然对 1787 年宪法并不完全满意，但麦迪逊却清醒地认识到，宪法刚获通过就对其进行重大修改是极其不成熟的政治行为。同时，麦迪逊还注意到了反联邦党人要求召开第二次制宪会议的呼声，并认为这在一定程度上反映了大部分美国公民对宪法仍存在不满。然而，麦迪逊清楚地知道，重新召开制宪会议会导致灾难性的后果。④ 因此，对麦迪逊

---

① Stuart Bruchey, The Impact of Concern for the Security of Property Rights on the Legal System of the Early American Republic, 1980 Wis. L. Rev. 1135, 1139–1140 (1980).

② Matthew P. Harrington, "Public Use" and the Original Understanding of the So-Called "Takings" Clause, 53 Hasitings L.J. 1245, 1278 (2002).

③ Ely J. Jr. (1992). The Guardian of Every Other Rights. New York: Oxford University Press. 41.

④ See, Matthew P. Harrington, "Public Use" and the Original Understanding of the So-Called "Takings" Clause, 53 Hasitings L.J. 1245, 1281 (2002).

而言，宪法修正案不过是为了回应反联邦党人政治诉求和大部分国民对自由的追求。

在现实政治中，国会中充斥了多元利益引发的冲突。麦迪逊由此认为，修正案不应当具体地规定某项权利及其保护措施。相反，若要获得通过并实现其价值，修正案就必须能够反映以某种美国社会广泛接受的价值为基础的共识。[①] 如上所述，独立战争期间的美国社会，公民财产权及其保护显然是最广为接受价值和社会共识。为此，麦迪逊在宪法修正案中起草了两条保护财产权的规定。

首先，麦迪逊建议修改宪法的序言。他提交的修正案草案为此进行了如下规定：

一切权力归属且来自人民。

人民建立的政府应当以实现人民的利益为目标。这些利益包括享有生命和自由、获得和使用财产的权利，以及普遍地追求并获得幸福与安全的权利。

无论何时，只要政府损害或者无法有效地实现其制度目的，人民就可以运用不容置疑的、不可剥夺的和不可侵犯的权利改革政府。[②]

麦迪逊的草案在语言风格上明显地受到了洛克社会契约论的深刻影响。麦迪逊认为，获得财产比仅仅保护既有财产更为重要。因此，他为宪法添加序言，主要是为了时刻提醒人们注意美国共和政府建立的基础——生命、自由、财产和追求幸福、获得安全的基本权利。[③] 但是，麦迪逊的提议并未引起其他议员的共鸣。相反，许多议员认为他对宪法序言的修改实属画蛇添足。国会最终修改了麦迪逊关于宪法序言的草案，删除了其中大部分洛克式的语言，并代之以相对温和的表述。修改后的草案规定："政府的目的在于实现人民利益，而政府的建立则来自于人民的授权。"[④] 即使如此修改，仍有相当多国会议员仍然认为其言辞过于激进。例如，佐治亚州的议员詹姆斯·杰克逊 (James Jackson) 就反对任何对宪法序言的

---

① Ely J. Jr. (1992). The Guardian of Every Other Rights. New York: Oxford University Press. 83.

② Matthew P. Harrington, "Public Use" and the Original Understanding of the So-Called "Takings" Clause, 53 Hasitings L.J. 1245, 1282 (2002).

③ Ely J. Jr. (1992). The Guardian of Every Other Rights. New York: Oxford University Press. 29.

④ Matthew P. Harrington, "Public Use" and the Original Understanding of the So-Called "Takings" Clause, 53 Hasitings L.J. 1245, 1283 (2002).

修改。他认为，原本的宪法序言是对人民实践建立政府之权利的确认，它比任何书面的宣言都更为有力。[①]

其次，麦迪逊还建议将联邦宪法第一条中的相关规定修改为："未经合理赔偿，公民不应当被迫放弃其财产，以充作必要的公用。"[②]（"[n]o person shall be obliged to relinquish his property, where it may be necessary for public use, without a just compensation."）国会修宪委员会的决议基本参照了麦迪逊的草案，只将原文稍加修改规定为："除非遭到控告，不得因同一罪行使任何人受到重复的审判与惩罚，不得迫使任何人作证控告自己，没有正当的法律程序，不得剥夺任何人的生命、自由和财产；未经合理赔偿，不得将任何私人财产充作公用。"[③] 前述修正案最终于 1789 年 8 月 17 日获得委员会的一致通过，并被列为修正案第八条。委员会对该条修正案中与征收有关的规定未置一词。[④] 在该决议被提交众议院全体审议时，其他议员对征收条款未表示异议。随后，众议院于 1789 年 8 月 24 日将获得通过的决议提交参议院审议。

1789 年 9 月 4 日，参议院首次审议了上述第八修正案。将一事不再理的规定稍作修改后，参议院一致通过了第八修正案。几天后，参议院又将该第八修正案的一部分与众议院提交的第十修正案的一部分进行了结合。[⑤] 结合后的条款主要规定了刑事案件中的公民基本权利，如大陪审团负责刑事起诉、禁止自证其罪等。在众议院的修正案版本中，前述保护手段都被包含在了麦迪逊起草的两项有关财产权的规定中了。

又修订了其他一些条款后，参议院对整个修正案进行了重新编号，并将其交与众议院以获得批准。但是，众议院并不接受参议院修改后的修正案草案。麦迪

---

① Matthew P. Harrington, "Public Use" and the Original Understanding of the So-Called "Takings" Clause, 53 Hasitings L.J. 1245, 1283 (2002).

② Matthew P. Harrington, "Public Use" and the Original Understanding of the So-Called "Takings" Clause, 53 Hasitings L.J. 1245, 1283 (2002).

③ Matthew P. Harrington, "Public Use" and the Original Understanding of the So-Called "Takings" Clause, 53 Hasitings L.J. 1245, 1283–1284 (2002).

④ Matthew P. Harrington, "Public Use" and the Original Understanding of the So-Called "Takings" Clause, 53 Hasitings L.J. 1245, 1284 (2002).

⑤ Matthew P. Harrington, "Public Use" and the Original Understanding of the So-Called "Takings" Clause, 53 Hasitings L.J. 1245, 1284–1285 (2002).

逊认为参议院的修改糟糕至极。在给埃德蒙·彭德尔顿(Edmund Pendleton)的信中,麦迪逊抱怨道,参议院修改了草案中"最有价值的条款",致使它丧失了"大部分在保护财产方面的价值"。① 鉴于参众两院提出了不同的草案,国会不得不任命一个特别委员会弥合两院的分歧。国会于 1789 年 9 月 24 日达成最终决议,并将修正案草案正式提交各州。现行宪法第五修正案的最终版本也在此时形成:

　　未经大陪审团在场和起诉,不得拘押和询问任何可判死刑、即使不判死刑也会导致身败名裂的罪行,除非战时或公务危急时,对现役陆军、海军和民兵可以例外;不得因同一罪行使任何人的生命或肢体两次受困;在刑事案件中,不得迫使任何人作证控告自己,没有正当程序,不得剥夺任何人的生命、自由和财产;未经合理赔偿,不得将私人财产充作公用。②

　　在国会审议的过程中,麦迪逊提出的修正案草案虽然经历了言语上的重大修改,但是参众两院都没有改变其实质内容。就整体而言,麦迪逊的征收条款包含了同意原则 (principle of consent)。其中的合理赔偿条款则体现了对洛克政府理论的认同,即政府不应当强迫财产所有者负担超出其合理份额的政府开支。就此而言,公民若不得不向政府让予多于合理份额的财产,就拥有了向政府请求赔偿的权利。

　　综上所述,麦迪逊在征收条款中使用的言辞不仅借鉴了洛克的《政府论》下篇,还借鉴了一些州的权利法案。从这个角度来看,所谓的"征收条款"应当被称作"赔偿条款"更为合适。因为,"征收条款"的言辞意味着将征收的权力授予立法机关。宪法中的"贸易条款"就是如此,其言辞意指将管理州际商业的权力授予联邦国会。但是,麦迪逊的征收条款并不是为了授予权力而存在的。毋宁说,该条款是为了定义一种国家立法机关固有之权力的属性。详言之,征收条款为一项既存的国家权力设定了程序,以规范其行使。因为这项权力能够随时剥夺公民的自由或财产。总之,仅就语言文字而言,征收条款的功能并非授予立法机关征收财产的权力,而是规范政府行使征收权的方式。

---

① Matthew P. Harrington, "Public Use" and the Original Understanding of the So-Called "Takings" Clause, 53 Hasitings L.J. 1245, 1285 (2002).

② U.S. Const. amend. V. 译文参见, 汉密尔顿, 麦迪逊, 杰伊. 联邦论 [M]. 尹宣, 译. 南京: 译林出版社, 2010 : 640~641.

二、麦迪逊可能的立法原意

任何思想经由语言表述后，总会出现偏差。麦迪逊起草的征收条款也不例外。虽然就文本而言，征收条款似乎更加重视以"合理赔偿"限制征收权的行使。但若真是如此，麦迪逊又何必在同一条修正案中规定"公共使用"，甚至是"正当程序"？对此，许多学者提出了不同的理论。威廉·特雷纳 (Willian. M. Treanor)就认为，就第五修正案的文本结构来看，在正当程序条款后加入征收条款，特别是其中的赔偿条款，主要目的在于防止"程序的败坏" (process failure)。[①] 据特雷纳所言，由于政治程序存在失灵的可能性，被征收者并非总能获得应得的赔偿，因此赔偿条款就成为了必要。[②]

与此相反，乔治·塔克 (George Tucker) 在 1803 年曾强调，第五修正案中的赔偿条款就是针对独立战争时期，大量未经赔偿的军事征收行为而制定的。[③] 威廉·罗尔 (William Rawle) 则认为，正当程序的规定并非仅仅是对刑事嫌疑人保护的赘述。他还认为赔偿条款实际上是对普通法的重申。[④] 马修·哈林顿 (Matthew. P. Harrington) 则提出，征收条款仅仅是为了将应当赔偿的征收与征税、没收充公加以区分。[⑤] 罗伯特·奈特森 (Robert Natelson) 则强调，规范包括征收在内的事后法 (ex post facto laws) 才是制宪者们真正关心的问题。因此，正当程序条款和征收条款被写入修正案，其实是对事后法的规范。[⑥]

那么，麦迪逊起草征收条款的意图究竟为何？由于麦迪逊没有留下相关的文献记录，我们难以精确地还原麦迪逊的真实意图。但是，从上文的论述可知，麦

[①] William Michael Treanor, The Original Understanding of the Takings Clause and the Political Process, 95 Colum. L. Rev. 782, 836–837 (1995).

[②] William Michael Treanor, The Original Understanding of the Takings Clause and the Political Process, 95 Colum. L. Rev. 782, 836–837 (1995).

[③] 1 Blackstone's Commentaries: with Notes of Reference to the Constitution and Laws of the Federal Government of the United States; and of the Commonwealth of Virginia app. at 305–306 (St. George Tucker ed., Birch & Small 1803).

[④] Rawle W. A View of the Constitution of the United States. Durham NC: Carolina Academic Press, 2009: 132–134.

[⑤] Matthew P. Harrington, "Public Use" and the Original Understanding of the So-Called "Takings" Clause, 53 Hasitings L.J. 1245, 1248 (2002).

[⑥] Robert G. Natelson, Statutory Retroactivity: The Founder's View, 39 Idaho L. Rev. 489, 494 (2003).

迪逊起草征收条款的目的非常明确，即为财产权提供额外的宪法保护。作为亲历独立战争的一代人，尤其还曾供职于邦联时期的弗吉尼亚议会，麦迪逊深知，为财产权提供必要的保护，是新生的美国发展稳定的法律与经济体系的前提。他原本寄希望于通过共和政体为财产权提供保护。① 但是，随着各州人民要求制定宪法修正案的呼声越来越高涨，麦迪逊最终决定借助制订《权利法案》的机会为财产权提供更为坚实的保护。总之，以征收条款的目的为起点，我们就可能结合现有的历史记录，通过文本探求麦迪逊的立法原意。

首先，就赔偿条款的文本而言，麦迪逊将征收条款限定在一个相当狭窄的范围内。详言之，"合理赔偿"的规定使得征收条款应当被用于限制联邦政府行使征收权，并且还只能是联邦政府实施的对财产的直接征收 (physical takings)。② 这样的解读与整个《权利法案》的立法意图一致。如前所述，麦迪逊起草《权利法案》的首要任务便是回应各州对联邦政府权力集中的担忧。此外，麦迪逊本人也倾向于对征收条款的使用范围进行限制解释。在最早的草案中，麦迪逊所使用的语言是："未经合理赔偿，公民不应当被迫放弃其财产。"这表明，麦迪逊在斟酌用词时，应当只是为了解决直接征收可能引发的纠纷，而没有考虑当代所谓的"管理性征收" (regulatory takings) 或征税。虽然在国会审议的过程中，参众两院大幅修改了麦迪逊的原始表述，但这并不意味着国会企图扩张宪法修正案的含义。实际上，这种修改更有可能是为了语言风格的统一。在《权利法案》获得批准一年后，麦迪逊就指出，第五修正案的功能在于将如下对征收权的限制施加于联邦政府："即使出于公共使用，未经赔偿，财产所有者的土地或货物也不得被直接征收。"③

同时，麦迪逊还期望通过征收条款申明某些基本价值。虽然最初反对制定《权利法案》，但麦迪逊在起草时还是认为它可以实现一些重要的目标。其中，最为主要的便是"教育功能"。麦迪逊认为，征收条款不仅可以使人民明白财产的神

① 汉密尔顿，麦迪逊，杰伊. 联邦论 [M]. 尹宣，译. 南京：译林出版社，2010：353~357.

② William M. Treanor, The Origins and Original Significance of the Just Compensation Clause of the Fifth Amendment, 94 Yale L. J. 694, 708 (1985).

③ Matthew P. Harrington, "Public Use" and the Original Understanding of the So-Called "Takings" Clause, 53 Hasitings L.J. 1245, 1295 (2002).

圣性，还能抑制公众制定歧视性债法与税法的欲望。^① 在 1792 年发表的《论财产》一文中，麦迪逊强调，赔偿条款对于保护财产权的不可侵犯性至关重要。^②

综上所述，麦迪逊希望通过征收条款中的"合理赔偿"规定实现以下两个至关重要的目的：第一，赔偿条款最基本的功能在于限制公权力。麦迪逊的立法意图很明确，就是希望借助赔偿条款既限制联邦政府的权力，又防止立法机关中的派系借助立法权损害私人财产权。此处的派系不仅指立法机关中的多数派，还包括少数派。在这个意义上，麦迪逊的赔偿条款与整个《权利法案》的主旨是一致的。正如阿西尔·阿玛尔(Akhil Amar)所言，《权利法案》的实质不在于束缚政府组织的行为，而在于促进其运作；不在于限制公众，而在于向他们赋权。^③ 因此，赔偿条款通过对中央政府行使征收权附加条件，而直接回应了反联邦党人对强有力的集权政府的担忧。赔偿条款还保护了少数人的权利。联邦党人一直担忧构成人口多数的无产者会控制中央立法机关，并制定类似褫夺公权法案的法律。麦迪逊的赔偿条款则赋予少数有产者在财产权被侵犯时获得赔偿的权利。因此，麦迪逊的征收条款同时回应了联邦党人和反联邦党人对宪法的矛盾诉求。第二，赔偿条款在理论层面还具有教育功能。麦迪逊有意使该条款成为"联邦尊重私有财产的宣言"。质言之，赔偿条款的"主要目的"在于"时刻提醒公众提防征收的危害"。^④

其次，就公共使用条款的文本而言，其中"公共使用"(public use)一词并不存在于《权利法案》以前的任何制定法中。这种用词是由殖民地时期的法官发明，而后被麦迪逊借鉴而写入宪法修正案。

直至 1789 年，联邦和各个州宪法中都没有条文直接规定征收应当符合"公共使用"的要求。但在此之前，"公共使用"一词已经出现在各种宪法草案中，

---

① William M. Treanor, The Origins and Original Significance of the Just Compensation Clause of the Fifth Amendment, 94 Yale L. J. 694, 711–712 (1985).

② Matthew P. Harrington, "Public Use" and the Original Understanding of the So-Called "Takings" Clause, 53 Hasitings L.J. 1245, 1296 (2002).

③ Amar A. R. (1998). The Bill of Rights: Creation and Reconstruction. New Heaven & London: Yale University Press. 276.

④ William Fisher, Ideology, Religion and the Constitutional Protection of Private Property: 1760–1860, 39 Emory L.J. 65, 101–102 (1990).

并且是作描述性用词而非规定性用词。在殖民地时期和独立战争早期，北美普遍流行的观念认为，政府可以征收私有财产以支持其实现公共管理职能。例如，当时的地方立法机关曾授权私人征收其他公民的土地建设作坊，并认为该私人是在合法地行使征收权 (eminent domain)，一如政府本身征收土地修建堡垒或邮局。这一方面是因为水利作坊在当时被认为具有公共属性，另一方面则是因为殖民地时期和邦联时期，政府实施公共管理的范围更加广泛。政治经济学家和商业阶层虽然经常要求政府减少规制，但这并不意味着政府不能拥有进行规制的权力。[1]总之，只要不违反同意原则的要求，政府征收私有财产发展经济就不会受到过多的质疑。

由于上述殖民地时期的法律实践，各州在制宪时都认为不必在征收条款中特别规定"公共使用"一词。早期的宪法起草者普遍强调洛克式代议制和同意的概念，而不重视征收法的实体方面。此外，国会围绕麦迪逊的修正案的争论表明，绝大多数议员更为关注"正当程序"。麦迪逊也认为，第五修正案中征收条款和正当程序条款共同构成了对生命、自由和财产的程序性保护。这意味着，在当时流行的观念中，受制于正当程序的代议制政府就足以保证征收权不被滥用。[2] 因此，征收条款中"公共使用"一词并不是为了给征收权施加实体性的限制。

---

① Matthew P. Harrington, "Public Use" and the Original Understanding of the So-Called "Takings" Clause, 53 Hasitings L.J. 1245, 1297–1298 (2002).

② Errol E. Meidinger, The "Public Uses" of Eminent Domain: History and Policy, 11 Envtl L. 1, 17 (1980).

下编

征收法的现代制度建构

第三章　国家征收：联邦主义的兴盛与恣意的征收权

由于法律继承，以及北美殖民地自身经济、政治和法律思想的发展，美国的征收法在殖民地末期与合众国初期已经表现出一定的形式理性。但是，与现代的征收法律制度相比，这一时期的征收法仍然是简单的、粗陋的和分散的。首先，虽然从联邦到地方都规定了征收条款，明确定义了何为征收，但这些规定都是以宪法条文的形式出现，具有高度的抽象性，因此在实践中缺乏可操作性，难以应对复杂且具体的社会生活。其次，虽然联邦政府当然地拥有征收权，但在建国后的很长一段时期内，它并没有直接行使过该权力，而是委托州政府或地方政府实施征收。因此，这一时期并没有联邦层次上的征收法律出现，而是各州依据各自宪法的征收条款制定地方性的征收法律。

南北战争的爆发，以及战后的重建过程不仅终结了美国的古典时代，更将整个国家推向了现代化的发展道路。这一时期也因此成为美国历史中的重要转折点。南北战争结束后，南方不仅开始了土地改革，西进运动也再度展开。这些都促进了全国土地市场的形成。然而，全国范围内土地的自由交易却带来了一个严重的问题，即奴隶制有可能在西部死灰复燃。美国的政治系统对此做出了迅速的回应：首先，联邦通过宪法修正案永久性地废除了奴隶制，并给南方反叛州回归联邦设置了严格的条件；其次，联邦政府通过中央集权，建立了新的宪法秩序，使美国成为了真正的主权统一的民族国家。幸运的是，经济与政治之间的张力并没有导致内战后的美国社会再次失序，因为联邦最高法院和支持其做出合理判决的现代法律思想发挥了缓解张力的作用。现代化了的法律思想能够促使法官们更加科学、更加现实地看待法律，进而把它们作为引导，甚至是改造社会的工具。此外，法律本身的稳定性、指引性和可预测性更保证了法院运用法律引导或改造社会是理性的、合法的。总之，在南北战争之后，经济、政治和法律思想之间的互动，不仅促进了美国社会的现代化，更为美国现代征收法的发展提供了坚实的社会基础。

19世纪末至20世纪初，美国社会在经历了重建后，迎来了所谓的"镀金时代"，现代化程度得以加深。现代性深入发展的首要标志就是工业化和城市的发展，它们共同改变了美国的经济社会结构，并初步促进了全国性市场的发展。然而，市场自身的缺陷却阻碍了市场经济的形成。为了克服该缺陷，促进市场经济的发展，政治的力量再度登场。为此，全美国掀起了声势浩大的"进步运动"，以克服现代化引发的种种弊病。在此过程中，政治权力进一步向联邦政府集中，总统享有的权力更为广泛，并成为了国家政治的中心。而这又直接导致了"监管性国家"的出现，政府开始系统地介入公民的经济和社会生活，以实现宪法规定的促进公共福利的政府目的。

正是在上述背景中，美国的征收法迎来了第一次现代化转变，即国家征收的异化。在现代"监管性国家"中，原本旨在限制征收权、保护财产权利的征收条款，逐渐丧失了其价值和功能。因此，征收权逐渐异化为立法机关实现财富再分配、促进经济发展的工具。进入20世纪后半叶，在联邦最高法院一系列具有广泛影响的判例的帮助下，立法机关运用征收权，促进经济发展的行为日益频繁，且已成失控之势。虽然美国的法律界对此多有反对之声，但至今未能有效改变失控的局面。在可以预见的未来，国家征收——美国征收法中最核心的部分——仍将在实践中和理论上不断制造争议。

第一节　征收条款对国家征收限制的松动

一、南北战争前的国家征收与征收条款

美国征收法的核心是联邦宪法第五修正案中的"征收条款"，它是《权利法案》的组成部分。实际上，征收条款是麦迪逊在借鉴州宪法立法实践的基础上，添加进《权利法案》的。当时，随着各州宪法的制定，大多数州都在宪法中对征收权进行了规定，这时州层面的征收制度已经非常接近现代征收制度。换言之，当时的征收制度已经具备了现代征收制度的三大基本原则：公共使用、正当程序与合理补偿。在此基础上，联邦宪法于1789年生效，并于1791年12月5日批准通过了《权利法案》，其中著名的第五修正案正是美国现代征收制度的基石，并因此被称为"征收条款"。至此，征收法律制度在美国的州和联邦层面，以宪法的形式得到了确认。

虽然《权利法案》赋予了联邦政府征收权，但是这一时期联邦政府并没有实际使用过此项权力，这为各州根据本州法律行使征收权提供了前提条件。而在联邦政府需要行使征收权的场合中，一般由州政府依据本州的法律进行征收，之后再转交给联邦政府。因此，该时期州政府行使征收权的领域被进一步扩展，成为征收领域中的主导性力量。这主要表现在以下两个方面：

第一，自美国建国至19世纪60年代，联邦政府没有在任何一个州直接行使过征收权，而是由各州政府代为行使，从而使州政府的征收行为扩大了范围，成为征收权的主要行使主体。在科尔诉美国(Kohl v. United States)一案中，斯特朗法官在其撰写的多数意见中指出："在此之前，联邦政府并没有直接行使联邦宪法赋予它的征收权。"[1] 但是，这并不意味着联邦政府放弃了该权力。当联邦政府

---

[1]　Kohl v. United States, 91 U.S. 367, 373 (1875).

需要征收土地以实施某项联邦建设计划时，它通常依赖州政府的征收权，即要求州政府先在其辖区内征收土地，然后再将该土地转让给联邦政府；或者由联邦政府的代理人根据州的征收法律提起诉讼，以此获取土地。由此可见，联邦政府在这一时期是间接地行使征收权的，而征收权的实际行使主体仍然是州政府，州政府与联邦政府在土地征收方面是一种合作的关系。对此，威廉·鲍德(William Baude) 指出："在成立的头 20 年中，联邦政府没有行使过征收权，该权力完全由州政府行使。"①

例如，1790 年，纽约州通过的一项法案将位于桑迪岬的一座灯塔转让给了联邦政府。在这个案例中，灯塔及其所属的土地并不完全属于纽约州，其中一部分分别属于另外两个已经去世的人所有。但是该法案却强制规定，这两人的信托受益人必须将他们有关该土地的全部权益转让给联邦政府。② 在 1796 年，联邦政府计划在马萨诸塞州的贝克岛与科德角建设灯塔。于是，该州的立法机关便通过了一项法案，授权联邦政府购买或征收任何适合建立灯塔的土地。③ 根据该法案，联邦政府的代理人可以向马萨诸塞州法院提出土地征收申请，而法院则召集三名公正的有产者组成陪审团，以确定应联邦政府支付给被征收者的赔偿金的数额。此外，其他一些州的征收模式则更为简单明了，这些州的相关法案通常规定直接将本州政府所有的土地转让给联邦政府，而不牵涉任何第三方。

第二，联邦最高法院在该时期的一份判决中，最终全面否定了联邦政府具有直接行使征收权的能力。在波拉德诉哈根 (Pollard v. Hagan) 案中，联邦最高法院宣称："联邦政府没有在任何一个州的辖区内行使市政管辖权，或者征收权的宪法权能。"④ 其实，在此判决之前，美国就已经有了关于联邦政府是否应该直接行使征收权的争论，正反两方曾展开了长时间的论战，但是最后还是反对方占据了上风。⑤ 联邦最高法院的前述判决实际上是对反对方的观点在法理上的支持，其

---

① William Baude, Rethinking The Federal Eminent Domain Power, 122 Yale L.J. 1738, 1762 (2013).

② Act of Feb. 3, 1790, ch. 3, 1790 N.Y. Laws 106, 107.

③ Act of June 18, 1796, 1796 Mass. Acts 22.

④ John Pollard v. John Hagan, 44 U.S. 212, 223 (1845).

⑤ William Baude, Rethinking The Federal Eminent Domain Power, 122 Yale L.J. 1738, 1768–1771 (2013).

最终的结果是在法理上消除了联邦政府作为权力主体直接行使征收权的可能性。在上述案件的判决中，联邦最高法院解释了何为征收权。所谓征收权是指属于社会或者主权者的，在必要时，为了本州的福利和公共安全所行使的权力。[①] 所以，联邦最高法院的判决进一步指出，这种征收权有必要由阿拉巴马州政府来行使。[②] 在 5 年后的古德泰托诉基布案（Goodtitle v. Kibbe）中，最高法院再次强调了 1845 年案件判决中的观点：当某块土地上的治权已经归于州政府时，联邦政府就没有再直接征收该土地的权力。[③]

由此可见，在各州根据本州法律行使征收权的时代，联邦政府其实是有征收权权能的，但在二元联邦制的影响下，联邦最高法院的判例在法理上消除了联邦政府直接行使征收权的可能性，从而形成了州政府主导下的、州与联邦政府密切合作的征收模式。对此，威廉·鲍德指出，这一时期联邦政府只能在有限的地方直接行使征收权。而在各州的辖区内，即联邦政府不拥有治权的地方，其征收行为就需要获得州政府的配合。[④]

此外，通过上述判例还可以看出，"公共使用"原则依旧是该时期征收权的合法性基础，无论是州政府还是联邦政府，其征收行为都是基于对公共福利的考量而做出的。之所以该原则在这一时期的判例中没有被特别加以强调，唯一的可能性在于，"公共使用"原则在前一时期得到了充分的发展，并获得了坚实的基础，得以在整个征收制度中立足。这至少从侧面表明，"公共使用"原则在该时期已经成为征收制度的重要原则之一。

二、工业化时期征收条款限制的松动：科尔诉美国案

南北战争后，二元联邦制的理论在美国彻底地失去了市场，联邦政府逐渐以更为积极的姿态实施国家治理。这主要是以下两个因素相互作用的结果：首先，南北战争中北方的胜利为资本主义工商业在联邦范围内的快速发展扫清了障碍，

---

① John Pollard v. John Hagan, 44 U.S. 212, 223 (1845).
② John Pollard v. John Hagan, 44 U.S. 212, 223–224 (1845).
③ Goodtitle v. Kibbe, 50 U.S. 471, 478 (1850).
④ William Baude, Rethinking The Federal Eminent Domain Power, 122 Yale L.J. 1738, 1774 (2013).

以土地市场为核心的全国统一市场逐渐形成，而这进一步促进了工业化的发展和经济结构的调整。其次，为了保卫南北战争的胜利果实，同时更为了适应经济基础的质变，美国社会开展了以充分发挥政府，特别是联邦政府职能为目的的进步运动，并实施了一系列政治改革，从而有效地实现了中央集权，永久性地扩大了联邦的权力范围。

为了更有效率地在全国范围内行使权力，联邦政府开始在全国范围内大量设立管理机构，并修建基础设施。这使得它必须在各州的领域内直接行使征收权。然而，如前所述，南北战争前的联邦政府不仅没有在任何一个州直接行使过征收权，而且法院还通过判例禁止联邦政府实施前述行为。这种局面显然与内战后联邦政府的目标相悖，因此它也一直试图突破这种限制。转机出现在 1875 年，联邦最高法院在科尔诉美国案 (Kohl v. U.S.) 中明确肯定了联邦政府有权在各州的领域内直接行使征收权。

原告科尔在辛辛那提市拥有一处土地，而联邦政府则依据国会立法意欲征收此地建设邮局，并用作其他一些公共用途。科尔主张，联邦政府直接在州范围内征收土地，以实现其目标是违法的。原告及其律师认为，自合众国成立以来的 80 多年时间里，国会并未制定过任何法律授权联邦政府在州领域内直接实施征收。这意味着，联邦政府既不能依据国会立法，也不能依据州法在当地实施征收。因此，联邦政府征收科尔不动产所依据的制定法应当是无效的，其征收行为自然也是违法的。[①] 但是，被告方通过援引先例辩称，征收权是"国家主权不可分割的组成部分"，联邦的征收权在效力位阶上当然地高于任何一州，而俄亥俄州的立法也同意此种观点。此外，建立邮局的权力当然地包括获得相应土地的权力。换言之，联邦政府可以在必要时实施征收以达到目的。[②] 总之，诉讼两方在实体法方面的纠纷可以概括为，联邦政府是否能够在州领域内直接行使征收权。

在法庭意见中，斯特朗法官 (Justice Strong) 判定联邦能够在州领域内直接行使征收权。首先，征收权是联邦政府不言自明的权力。斯特朗法官认为，联邦政府若要独立地存在，就必须有权力为了自身的使用而在任何一州内征收土地或者

---

① Kohl v. U. S., 91 U.S. 367, 369 (1875).

② Kohl v. U. S., 91 U.S. 367, 370 (1875).

其他财产。而这种权力已经由宪法授予了联邦政府，以便其在所有的州中能够依自身的需要获得土地。在现实中，这些需要主要表现为修建堡垒、兵工厂、军械库、海军基地、灯塔、海关大楼、邮局、法院和其他一些公共设施。宪法赋予联邦政府征收权正是为了使其能够在必要时，不经所有权人同意而获得不动产，进而实现自身的目的，这恰恰保证了联邦政府的独立性。因此，征收权不仅是政治生活的必然结果，更是主权不可分割的组成部分。[①] 其次，联邦政府能够直接行使征收权。斯特朗法官援引坦尼法官的观点指出，在合众国的领土范围内，同时存在着两个截然不同且彼此独立的主权体系：它们依据联邦宪法的规定在各自的领域内行使自己的权力，而互不干扰。[②] 因此，不论是联邦政府还是州政府在行使合法权力时，不仅不需要征得另一方的许可，还可以采用一切合适且合法的方式。

综上所述，斯特朗法官认为，联邦政府直接在州内实施征收的权力是客观存在的，而不能因为其之前没有使用过就加以否认。而且，其他州法院的判例也并未否认过联邦政府的该项权力。因此，不论在理论上，还是在实践中，联邦政府都能够为了自身使用而直接在州的领域内征收土地，并且这种征收并不以州政府的同意为条件。[③]

第二节　国家征收在城市更新运动中的异化

一、城市更新运动的开始与相关立法

城市是一个动态的系统，其经济、社会、环境和空间形态处于不断的发展变化之中。而城市更新正是前述因素动态发展的直观表现。由于不同时期城市更新的经济、社会和政策环境不同，制定的措施、方法和目标也不尽相同，因此城市更新的基本概念具有复杂而广泛的内涵。根据《不列颠百科全书》，城市更新是指：

---

① Kohl v. U. S., 91 U.S. 367, 368 (1875).

② Kohl v. U. S., 91 U.S. 367, 372 (1875); Ableman v. Booth, 62 U.S. 506, 516 (1858).

③ Kohl v. U. S., 91 U.S. 367, 373–374 (1875)

"对复杂的城市问题进行纠正的全面计划，包括改建不符合卫生要求，有缺陷或破损的住宅，改进不良的交通条件，环境卫生和其他的服务设施，整顿杂乱的地上使用方式，以及车流的拥堵等。早期的城市更新主要将精力集中于改建住房和公共卫生设施，而后则日益强调拆除贫民区，并将居民和工厂拥挤的城区安置在空地较多的地点。20世纪末期，对于城区无计划扩张的批评又使人们将视线重新转向有效的城市集中。"[1]

就美国而言，其城市更新运动主要是为了应对20世纪以来因逆城市化而引发的一系列经济社会问题。20世纪后，美国的工业化程度不断加深，城市作为区域中心迅速聚集了大量的资源，并因此获得了巨大的发展。然而，随之而来的是城市中心区环境日益恶化，社会问题突出：污染严重、交通拥堵、人口稠密和大量黑人涌入。这些都促使白人中产阶级不断向郊区迁移，并形成了逆城市化现象；二战以后，大都市地区的产业结构和人口结构的变化，更是加速了逆城市化的进程。随着中高收入人口的不断外迁，城市中心区迅速被低收入人口和少数族裔占据，拥挤破败的房屋，短缺的住房和混乱的治安呈现出恶性循环的局面。原本繁荣的城市中心区不仅成为了贫民窟，更成为了制约城市发展的瓶颈。城市中心的衰败最终引起了联邦政府的高度关注，并迫使政府采取措施帮助各大城复兴中心区域。

以1949年的《住房法》(Housing Act of 1949) 为起点，联邦政府开始以立法的形式介入各大城市中心区的复兴，并由此开启了长达30年的城市更新运动。在这场声势浩大的运动中，联邦政府顺应不同时期的社会需求颁布了三项标志性的立法。城市更新运动因此被划分为三个历史阶段。在第一阶段中，联邦政府颁布并修订了《住房法》，以清理贫民窟和进行大规模的商业开发为目标；第二阶段则以1966年的《示范城市法》(Demonstration City Act of 1966) 为标志，以城市综合治理为主；第三阶段以1974年的《住房和社区开发法》(The Housing and Community Development Act of 1974) 为标志，旨在发展小规模社区。此后，由于尼克松和里根政府的政策转向，整个城市更新运动于1980年正式结束。

---

[1] https://www.britannica.com/topic/urban-renewal (last accessed 1/30/2018).

为了解决城市中心区衰落所引发的一系列问题，在国会保守与改革两派、私人开发商集团和美国规划者协会等势力的博弈之后，在新政意识形态的强烈影响之下，联邦国会于 1949 年通过了《住房法》，以期为城市中心的衰落提供整体性的解决方案。根据规定，该法的目标是为 "每一个美国家庭提供一套体面的住房和一个宜人的生活环境"。其解决问题的手段主要包括以下几种：清除贫民窟，建设低价的公租房，增加并扩大联邦住房管理局 (FHA) 名下不动产抵押贷款保险金的总额和覆盖范围。[1]

在 1949 年的《住房法》中，最为重要的内容就是清除贫民窟，相关的法律规定具体包括以下内容：首先，联邦政府授权 "地方公共机构" (local public agency) 可以运用征收权，成片地获取衰败地区的私有土地，以便对其进行清理和整体规划。然后，该公共机构可以依据事先制定的 "衰败地区再发展计划"，将这些土地出售或出租给公、私机构。其次，对于因清除贫民窟而应支付的赔偿金，联邦政府承担总额的 2/3，地方政府则承担剩余的 1/3。其中，地方公共机构应承担的部分，既可以现金的方式支付，也可以兴建公园、学校等公共基础设施的方式支付；而联邦应承担的部分，则只应当用于支付征收和清理贫民窟所需的费用。最后，联邦政府还应当向地方政府提供资金，以帮助其在未来的六年时间里建设超过 81 万套低价公租房。此外，该法还明确规定，鼓励私营房地产开发企业在衰败地区的再开发过程中发挥重要作用。[2]

总之，根据 1949 年《住房法》的立法原则和相关规定，其本质与核心就是联邦主导下的拆除和重建。详言之，联邦政府将资金交付地方负责再开发工作的公共机构，以便顺利清除城市中心区的贫民窟；同时，地方公共机构还应当建设相当数量的低价公租房。然而，这项法案的缺陷也相当明显。首先，1949 年《住

[1]　An Act to establish a national housing objective and the policy to be followed in the attainment thereof, to provide Federal aid to assist slum-clearance projects and low-rent public housing projects initiated by local agencies, to provide for financial assistance by the Secretary of Agriculture for farm housing, and for other purposes, in Statutes at Large, 63 Stat. 413-444 (1949).

[2]　An Act to establish a national housing objective and the policy to be followed in the attainment thereof, to provide Federal aid to assist slum-clearance projects and low-rent public housing projects initiated by local agencies, to provide for financial assistance by the Secretary of Agriculture for farm housing, and for other purposes, in Statutes at Large, 63 Stat. 413-431 (1949).

房法》并没有明确规定贫民窟的认定标准；其次，它也没有规定贫民窟被清除后，重建建筑中住房所占的具体比例。因此在理论上，地方公共机构不仅可以较为随意地划定"贫民窟"的范围，还可以应开发商的要求在重建区域规划更多的办公楼、大型购物中心和高级公寓等。在实践中，《住房法》的实施并不顺利，许多"再开发"项目进展缓慢，甚至陷入停滞。因为，其中关于修建低价公租房的规定，既遭到保守势力的强烈反对，也难以对私人开发商产生足够的吸引力。为此，国会不得不对 1949 年《住房法》进行修改。

1954 年，国会修订了 1949 年《住房法》的相关条款，这就是 1954 年《住房法》(Housing Act of 1954)。前后两项立法的区别主要有三：首先，1954 年法用"城市更新"取代了"城市再开发"；其次，该法虽然保留了清除衰败区域的规定，但补充规定，复兴和修缮荒废建筑的重要性要高于清除贫民窟；最后，为了吸引私人开发商积极参与城市更新，1954 年法规定，联邦援助资金的 10% 将被用于非住宅区的规划和建设，以增加对工业、商业、文化设施和基础设施建设的投入。[①] 此后，国会又多次修改了关于非住宅建设投资的比例，最终将其从 1954 年的 10% 提升至 1965 年的 35%。这些修订表明，1954 年法不仅背离了 1949 年法的初衷，更放大了后者的缺陷。新的《住房法》不再重视向低收入阶层提供公共住房，而是将清除城市中心的衰败区，并代之以重新规划和兴建的中心区。同时，它还放松了对重建区域非住宅建筑数量的限制，并向私人开发商提供联邦资金以鼓励其参与城市更新。

1954 年《住房法》为日后征收权的异化提供了很大的空间。在城市更新运动中，政府认为土地主要用途包括促进财产增值，援助私人投资，以及增加税收和恢复经济活力。1954 年法则使联邦政府和地方公共机构能够轻松实现土地的前述用途。由于 1954 法用"城市更新"取代了"城市再开发"，这一方面使城市的改造计划更为庞杂，远超修建公共住房的简单目标，另一方面也使联邦政府和地方公共机构获得了更大的自由裁量空间。简言之，1954 年法为公权力机关随

---

① An Act to aid in the provision and improvement of housing, the elimination and prevention of slums, and the conservation and development of urban communities, in Statues at Large, 68 Stat. 590–648 (1954).

意征收私有财产，并将其用于私人地产开发提供了便利。

1954 年《住房法》实施后，由于其简单的拆除—重建模式，且过于侧重商业开发，到 60 年代时便受到越来越多的社会精英的抨击。约翰逊政府上台后，为了配合"伟大社会"的计划而制定了《示范城市法》(Demonstration Cities Act)。但是，由于该法设定的目标过高，措施庞杂、难以操作，又缺乏足够的资金支持，收效甚微。此后，在尼克松"新联邦主义"的影响下，联邦国会于 1974 年制定了《住房与社区开发法》。虽然该法实施后在一定程度上复兴了城市中心区，但仍然没能实现 1949 年《住房法》改善低收入群体住房条件的目标。总之，上述两项立法并没有使城市更新运动回归到 1949 年开始时所确立的轨道上来，更不可能矫正其中征收权的异化。

二、联邦最高法院对征收条款的去功能化解释

在当代，各级法院在解释"公共使用"时逐渐背离了麦迪逊的原意和 19 世纪法院的先例，普遍地采取了扩张解释，从而使"公共使用"对征收权的限制被架空。这其中尤以联邦最高法院的司法判例影响最为广泛和深远。

19 世纪 60 年代后，联邦政府开始直接行使征收权，并引起了大量纠纷。联邦法院，尤其是联邦最高法院在解决这些纠纷的过程中，对公共使用条款进行扩张解释，并逐渐将其确立为当代司法解释的主要标准。在福尔布鲁克灌溉区诉布拉德利案 (Fallbrook Irrigation District v. Bradley) 中，最高法院认为市政公司征收土地建立水渠所依据的地方制定法是合法的，因为该法和依其做出的征收行为符合政府的合法目的。最高法院在判决中指出："就公共使用而言，当地社区直接从征收行为中获得利益并不是其实质的构成要素。"[1] 在随后的克拉克诉纳什案 (Clark v. Nash) 中，最高法院延续了之前的观点：征收只要能促进当地社区整体福利的增长，就符合公共使用的标准。[2] 在克拉克案仅一年后的另一个案件中，最高法院援引前两个案件中的观点，支持了矿业公司征收他人土地的行为。[3]

---

[1]　Fallbrook Irrigation District v. Bradley, 164 U.S. 112, 161–162 (1896).

[2]　Clark v. Nash, 198 U.S. 361, 369–370 (1905).

[3]　Strickley v. Highland Boy Gold Mining Company, 200 U.S. 527 (1906).

进入 20 世纪后，联邦法院又通过两个颇具影响力的判决，系统化了其在 19 世纪末确立的新规则。同时，各州法院受到最高法院的影响，也完全放弃了它们在 19 世纪坚持的立场。结果，在联邦最高法院和部分州最高法院一系列判例的影响下，公共使用对征收权的限制作用逐渐消失，政府的任何征收行为都是合法的。

在 20 世纪中，联邦最高法院对公共使用条款的扩张解释主要表现为，将公共使用等同于公共目的。而在福利国家逐渐形成的过程中，公共目的无疑就是指整体福利的增长。1954 年的伯曼诉帕克案 (Berman v. Parker) 标志着联邦最高法院开始将公共使用等同于公共目的。本案的原告认为，哥伦比亚特区政府依据《哥伦比亚特区再发展法案》(The District of Columbia Redevelopment Act) 而为的征收违反了公共使用的要求。因为其财产将被转让给了私人企业进行开发，这是"一项牺牲一位商人的利益而使另一位商人收益的征收"，与公共使用条款的规定相悖。[1]

在判决中，法院支持了特区政府的征收。道格拉斯法官 (Justice Douglas) 认为，征收行为的合法性取决于该行为的目的。如果政府有权根据公共目的而行使治安权，那么它同样可以行使征收权。他进一步指出，立法机关是公共利益的主要守护者，因此，"一旦标的物处于议会的权力范围内，那么通过行使征收权来实现公共目的的权力就是显而易见的。因为，征收仅仅是实现目的的手段"。[2]

1984 年的夏威夷州住房署诉米德基夫案 (Hawaii Housing Authority v. Midkiff) 不仅肯定了伯曼案中的公共目的规则，还扩大了其适用范围。在判决中，联邦最高法院从以下两个方面扩展了公共目的规则的适用范围。首先，奥·康纳法官 (Justice O. Connor) 确认并发展了伯曼案中道格拉斯法官的意见，即公共使用条款的适用范围与主权者的治安权具有高度的一致性。[3] 这意味着公共使用的内涵取决于政府征收行为的目的，而非被征收财产最终使用者的身份。其次，米德基夫案进一步放松了法院对公共目的解释的限制。奥康纳法官认为，法院应当依据"合理标准"对征收进行司法审查。因此，当立法机关行使征收权的决定受到司法审

---

[1] Berman v. Parker, 348 U.S. 26, 31 (1954).

[2] Berman v. Parker, 348 U.S. 26, 33 (1954).

[3] Hawaii Housing Authority v. Midkiff, 467 U.S. 229, 240 (1984).

查时，法官不应当关注该项决定是否在事实上符合公共目的，而只应当审查该决定是否与计划的公共目的之间具有"合理的联系"。① 此外，奥·康纳法官还强调，不论是州还是联邦，如果其立法机关认为行使征收权具有合理性，那么法院必须遵从立法机关的决定，并认定该项征收符合公共使用条款的要求。②

三、密歇根州法院的司法克制立场

密歇根州保护私有财产权的历史非常悠久。早在 1787 年，州议会就批准了《西北条例》，这甚至要早于该州宪法生效的日期。即使到了当代，该州宪法中合理赔偿条款的文本来源依旧可以追溯至《西北条例》中的相关规定：

除非经过与其地位相当的公民或本国法的审判，不得剥夺人和人的自由与财产；为了保护公共利益，政府当局可以因公共的迫切需要，而对个人财产实行征收；或要求其履行特定的义务。同时，政府当局应为其上述行为支付全额的赔偿。③

自此，密歇根州的宪法中就一直保留着合理赔偿条款。1835 年，该州宪法则进一步规定了所谓的"征收条款"，即"未经合理赔偿，任何人的财产不得被充作公用"。④ 1850 年，该条款的内容得到了扩充：

政府当局征收私有财产应当充作公用或用来满足公共利益，并且应当向被征收者支付合理赔偿。但是，当州政府的征收是由居住在财产所在地的 12 名有产者组成的陪审团，或是由至少三名经法院任命的专员依据相关法律决定实施时，可不受前述规定的限制。此外，前述规定所称专员不包括在路政署执行公务的公路专员。⑤

1908 年，密歇根州宪法第 13 条进一步详述并划定了征收权的内容和边界。其中，与公共使用、合理赔偿有关的条款规定：

除非存在绝对的必要且合理赔偿以法律的形式得到到确认，任何人的私有财

---

① Hawaii Housing Authority v. Midkiff, 467 U. S. 229, 242 (1984).

② Hawaii Housing Authority v. Midkiff, 467 U. S. 229, 244 (1984).

③ Northwest Ordinance of 1787, Art. 2, http://avalon.law.yale.edu/18th_century/nworder.asp (last accessed 2018–3–25).

④ Mich. Const. art. 1, § 19 (1835).

⑤ Mich. Const. art. 18, § 2 (1850).

产不得被征收充作公用。①

1963 年，密歇根州再次修改宪法，并将征收条款并入涉及财产的宪法条文中。调整后的征收条款规定：

未经以法律形式事先规定的合理赔偿，私有财产不得被征收充作公用。赔偿应当由记录法庭 (a court of record) 以诉讼的形式决定。②

密歇根州制宪会议对于该条规定的评论如下：

在本会议看来，此次对于现行宪法（1908 年宪法）第 13 条第 1 款的修订，已经足以保护私有财产免受公用征收的危害。因此，本会议决定废除现行宪法中与征收权和征收程序有关的规定，即本法第 13 条第 2 至 5 款之规定。

修订后的宪法规定表明，公用征收的恰当程序应当由立法机关决定，而对于被征收财产的赔偿则应当由记录法院以诉讼的形式决定。③

综上所述，密歇根州对于公用征收的宪法限制历史悠久，并且在保护私有财产免受公用征收之干扰方面取得了良好的效果。如前文所述，在城市更新运动中，地方政府以清除贫民窟，维护城市美观和秩序为由，恣意地行使征收权。而后，它们更是将该运动的目标从清除贫民窟转变为促进经济增长，加深了征收权行使的恣意程度。同时，这些地方的法院都遵循联邦最高法院的先例，在公用征收问题上采取了司法克制的立场。但是，密歇根州的各级政府和法院却独树一帜，坚持州宪法关于公用征收的规定，而拒绝将"公共使用"扩张解释为"公共目的"。

然而，密歇根州在限制公用征收方面的良好记录却被 1981 年的波尔敦案打破。在该案中，密歇根州最高法院首次将"公共使用"解释为"公共目的"，以司法克制的立场支持了底特律市的公用征收活动。这一结果显然与 1963 年修改州宪法时，制宪会议对于公用征收之规定的评论有关。该评论明确指出，公用征收的决定权在立法机关手中，司法机关只负责确定合理的征收赔偿。换言之，制宪会议在立法时便明确了公用征收中立法机关和法院的制度角色，即以前者为主，以后者为辅，法院应当尊重立法机关对"公共使用"之含义的解释。

---

① Mich. Const. art. 13, § 1 (1908).

② Mich. Const. Art. 10, § 2.

③ Mich. Const. Art. 10, § 2, Convention Comment.

正是因为密歇根州在限制公用征收方面的良好且悠久的历史，该州最高法院在波尔敦居民委员会诉底特律市 (Poletown Neighborhood Council v. City of Detroit) 案中，以司法克制的立场支持公用征收后，其影响迅速扩大，并使之成为了当代州法院扩张解释公共使用条款最具影响力的案件。①

在波尔敦案中，底特律市为了给通用汽车公司修建新的制造工厂而征收了大片土地。涉事的业主认为，该项征收违反了征收条款中公共使用条款的规定。因为，通用汽车公司是这一征收行为直接的且主要的受益者，而它却毫无疑问是一个私营企业。② 然而，密歇根州最高法院最终选择支持底特律市的决定，因为该院认为公共使用与公共目的是可以互换的。③ 密歇根州最高法院还进一步指出，"尽管私营企业将最终获益"，但是底特律市当局通过该征收行为，促进了就业，重振了当地经济，在实质上实现了公共目的。④ 因此，密歇根州最高法院需要解决的核心问题是，州宪法征收条中"公共使用"一词是否有限制主权者行使征收权之意。在美国宪法史上，对于"公共使用"的含义一直存在两种对立的观点。其一认为"公共使用"应当是指公众拥有、控制且能够实际使用被征收的财产，是为限制解释；其二认为"公共使用"是指以符合公共目的或利益的方式使用被征收财产，是为扩张解释。⑤ 长久以来，密歇根州最高法院在解释"公共使用"时，一直采取限制解释。但是，在波尔敦案中，该法院却背离了传统，采用了扩张解释。该案判决的影响很快便跨出了密歇根州的边界，许多州都将其作为指导性判例援引，以证明将被征收财产转让给第三方私主体以促进经济发展之行为的合法性。⑥ 此外，学术界也将波尔敦案的判决视作处理公共使用对征收之限制问题的范例。⑦

---

① Thomas W. Merrill, The Economics of Public Use, 72 Cornell L. Rev. 61, 61(1986).

② Poletown Neighborhood Council v. City of Detroit, 410 Mich. 616, 631–632 (1981).

③ Poletown Neighborhood Council v. City of Detroit, 410 Mich. 616, 632 (1981).

④ Poletown Neighborhood Council v. City of Detroit, 410 Mich. 616, 634–635 (1981).

⑤ Marry M. Ross, Does County of Wayne v. Hathcock Signal a Revival of the Public Use Limit to the Taking of Private Property, 37 Urban Lawyer 243, 245–247 (2005).

⑥ See, e.g., Wilmington Parking Auth. v. Land With Improvements, 521 A.2d 227 (Del. 1986); Common Cause v. State, 455 A.2d 1 (Me. 1983); City of Duluth v. State, 390 N.W.2d 757 (Minn. 1986).

⑦ Marry M. Ross, Does County of Wayne v. Hathcock Signal a Revival of the Public Use Limit to the Taking of Private Property, 37 Urban Lawyer 243, 249 (2005).

总之，借助波尔敦案的判决，实务界和理论界都开始倾向于认为，政府以促进经济发展为目的，通过公用征收使某一私主体受益是合法的。但是，该行为仍应当受到严格的审查，以确保其合宪。①

波尔敦案的法庭对于上述问题的思考通过瑞恩法官 (Justice Ryan) 的反对意见得以详细阐述。根据案卷记录，通用汽车公司早在 1980 年就向底特律市政府提议，拆除卡拉迪克和费舍尔公司的制造工厂，以便能在该地区建设一间 300 万平方英尺的工厂。同时，通用汽车公司还宣称，工厂建成后能为底特律市提供至少 6000 个工作岗位。② 瑞恩法官指出，底特律市最终决定实施公用征收的动机就是为了满足通用汽车公司提出的条件，以使其最终能够落户该市。因为，通用公司若不能落户底特律，该市不仅将丧失许多就业岗位，更会导致不动产价值和税收收入的减少。这在底特律市市长看来是关乎城市存亡的大事。③ 因此，底特律市采取了一系列措施，确保通用公司的建厂计划能够顺利实现。但这些措施也给底特律市带来了巨大的负担，例如该市不仅要建设并改善厂址周边的道路，还要建设符合要求的地下设施和环保设施，并且还得向被征收财产的公民提供合理赔偿。④

通用公司的提议和底特律市政当局的反应对该市市民产生了"巨大的心理压力"。这使得底特律市的工会领袖、银行家、商人，以及所有其他期待通用公司新工厂能够带来崭新经济生活的市民都积极地支持建厂计划。⑤ 社会的和政治的压力很快就变成了司法判决的动力，底特律的地方法院在审理波尔敦案时异常迅速。瑞恩法官认为，这显然是地方法院为了回应被征收者以外所有关心新工厂建设的市民之诉求而做的必要让步。⑥

据此，瑞恩法官指出，鉴于上述社会和政治因素对于下级法院判决的影响，

① Marry M. Ross, Does County of Wayne v. Hathcock Signal a Revival of the Public Use Limit to the Taking of Private Property, 37 Urban Lawyer 243, 249 (2005).

② Poletown Neighborhood Council v. City of Detroit, 410 Mich. 616, 649–651 (1981).

③ Poletown Neighborhood Council v. City of Detroit, 410 Mich. 616, 651 (1981).

④ Poletown Neighborhood Council v. City of Detroit, 410 Mich. 616, 655–656 (1981).

⑤ Poletown Neighborhood Council v. City of Detroit, 410 Mich. 616, 657–659 (1981).

⑥ Poletown Neighborhood Council v. City of Detroit, 410 Mich. 616, 659–660 (1981).

州最高法院应当更加彻底地分析"引发本案的独特的事实"。[1] 他认为，波尔敦案的判决显然受到了公众压力的影响。该压力源自于一个团结一致的公共社群，其成员坚信只有采取必要的行动，才能避免底特律市的经济走向"死亡"。正因为如此，法院才将公共使用与公共目的等同，并在多数意见中判定底特律市实施公用征收的行为合宪。州最高法院在多数意见中写道："（支持本意见的）所有法官都认为因公共使用或公共目的 (public use or purpose) 的征收都是合宪的，而因私人使用或私人目的 (private use or purpose) 的征收应当禁止。"[2] 州最高法院还认为："若征收因私人使用而起，不论其附带来怎样的公共利益都应当被禁止；而若因公共目的而起，则不论附带怎样的私人收益都应当是合法的。"[3]

此外，州最高法院还在判决中强调，在决定公共目的的内涵的过程中，司法机关的作用非常有限。[4]详言之，密歇根州最高法院认为，只有立法机关才有权决定政府行为是否是满足了公众需求，或者是否实现了公共目的。通常而言，立法机关会将此权力授予相关的市政当局，以便其决定特定的征收计划是否符合公共目的。[5] 因此，只有当征收所实现的公共利益不明或不重要时，法院才能通过司法审查宣布其违宪。[6] 而在波尔敦案中，州最高法院认为，虽然底特律市的征收是为实现通用公司的私人利益，但其附带的公共利益是"明显且重要的"，所以符合公共目的的要求。[7] 但是，瑞恩法官却认为，这样的判决实际上是在密歇根州创制了一种全新的征收私有财产的模式。[8]

瑞恩法官认为，州最高法院的多数意见实际上是"通过司法裁判，批准了底特律市为了私人使用而征收私有财产"。[9] 因此，本案真正的争议在于，政府征收私有财产后，又将其转让给另一私主体的行为是否正当，因为，后者仅仅承诺运

[1] Poletown Neighborhood Council v. City of Detroit, 410 Mich. 616, 646 (1981).

[2] Poletown Neighborhood Council v. City of Detroit, 410 Mich. 616, 632 (1981).

[3] Poletown Neighborhood Council v. City of Detroit, 410 Mich. 616, 632 (1981).

[4] Poletown Neighborhood Council v. City of Detroit, 410 Mich. 616, 632 (1981).

[5] Poletown Neighborhood Council v. City of Detroit, 410 Mich. 616, 632–633 (1981).

[6] Poletown Neighborhood Council v. City of Detroit, 410 Mich. 616, 634 (1981).

[7] Poletown Neighborhood Council v. City of Detroit, 410 Mich. 616, 635 (1981).

[8] Poletown Neighborhood Council v. City of Detroit, 410 Mich. 616, 639–640 (1981).

[9] Poletown Neighborhood Council v. City of Detroit, 410 Mich. 616, 646 (1981).

用该财产获得的公共利益远高于被征收者。① 为此，瑞恩法官区分了公共使用和公共目的，并将其区别归因为密歇根州宪法中征收条款与税收条款的分野。② 他认为，波尔敦案的多数意见"不仅毫无根据，而且鼠目寸光"，因为它把州宪法中的前述两个条款混为一谈。③ 因此，州最高法院的判决实际上废除了州宪法中长久以来坚持的原则，即"政府不得运用征收权征收土地，除非征收后该土地能够被公众直接使用"。④ 总之，瑞恩法官坚称，波尔敦案的法庭将私人财产所有者的宪法利益置于私人公司之下。而若要使政府通过征收实现将某一私主体的财产转让给另一私主体使用的行为合法，只有修改宪法一途。⑤

综上所述，波尔敦案的判决显然违背了密歇根州对于"公共使用"进行限制解释的传统。在该案中，州最高法院采取司法克制的立场，肯定了底特律市的征收活动，即允许底特律市在征收私有财产后，再转让给另一个其认为能够创造更多公共利益的私主体。更为重要的是，波尔敦案的判决拥有广泛而长久的影响力。在此后的 20 多年时间里，该案成为了联邦最高法院和众多州法院扩张解释"公共使用"时援引的权威先例。

四、韦恩郡案与征收条款原旨的有限复兴

波尔敦案的判决虽然具有广泛而深刻的影响力，并且在此后数十年的时间里持续地影响着密歇根州类似案件的判决，但是，法律界对于该案的批评从未停止过。许多批评者都认为，密歇根州最高法院对于征收权行使范围的扩张解释，实质上是因为政府已经被强大的派系 (powerful factions) 所控制，而这正是汉密尔顿与麦迪逊当年所担心的情况。⑥

持续的质疑表明人们对于波尔敦案确立的征收理论的不满，以及对于改变现

---

① Poletown Neighborhood Council v. City of Detroit, 410 Mich. 616, 646–647 (1981).
② Poletown Neighborhood Council v. City of Detroit, 410 Mich. 616, 664–667 (1981).
③ Poletown Neighborhood Council v. City of Detroit, 410 Mich. 616, 669 (1981).
④ Poletown Neighborhood Council v. City of Detroit, 410 Mich. 616, 670 (1981).
⑤ Poletown Neighborhood Council v. City of Detroit, 410 Mich. 616, 683 (1981).
⑥ Marry M. Ross, Does County of Wayne v. Hathcock Signal a Revival of the Public Use Limit to the Taking of Private Property, 37 Urban Lawyer 243, 253 (2005).

状，回归州法传统的期望。密歇根州最高法院在 2004 年的韦恩郡诉哈斯科克案 (County of Wayne v. Hathcock)① 中回应了外界的不满和期望。在该案中，韦恩郡当局谋划了名为"航空公园计划"(Aeropark Project) 的建设项目。该项目是"一个综合性商业园区，在专注于发展轻工业制造和研究的同时，还被用于发展酒店业，建设娱乐设施并提供开放式用地 (open use land)"。根据开发计划，韦恩郡当局准备在休伦镇 (Huron Township) 和罗慕卢斯市 (city of Romulus) 征收约 1300 英亩土地。被征收的土地由政府牵头开发，但其最终目标是将这些土地出售给私人开发者。为此，韦恩郡的立法机关于 2000 年 7 月份通过决议，开启了征收程序。在决议中，维恩郡当局宣称征收的必要性主要体现在以下三个方面：(1) 为当地居民创造工作机会；(2) 刺激私人投资以促进该郡经济的恢复，扩大税基，使郡政府提供更好的公共服务；(3) 遏制该郡投资缩减和人口流失的势头。②

　　面对政府的征收与开发计划，涉案的财产所有者向法院提起了诉讼。他们围绕 1963 年密歇根州宪法征收条款中的"公共使用"一词大做文章，认为在通常情况下该词并不是"公共目的"的同义词。根据 1871 年库利法官 (Justice Cooley) 的观点，这些财产所有者指出，公共使用应当是指政府自身使用被征收财产满足自身需求，或是为公民提供公共产品以实现公共福利。③ 此外，涉案的财产所有权人还认为，其对于公共使用的惯常理解与密歇根州的法律传统相一致，即政府运用征收权建设政府办公大楼，或建设诸如学校、公园等公共设施供居民使用是正当的。而根据该传统，由私主体使用被征收财产且不对公众开放，或公众不享有该财产的所有权的，都不构成公共使用。总之，哈斯科克案中的财产所有权人认为，韦恩郡政府的征收行为是不符合州宪法中"公共使用"之要求的，因此是违宪的。

　　最终，密歇根州最高法院在哈斯科克案的判决中一致认定，维恩郡当局的

---

①　County of Wayne v. Hathcock, 684 N.W.2d 765 (2004)

②　Marry M. Ross, Does County of Wayne v. Hathcock Signal a Revival of the Public Use Limit to the Taking of Private Property, 37 Urban Lawyer 243, 254–255 (2005).

③　Cooley, T. McIntyre. (1903). A treatise on the constitutional limitations which rest upon the legislative power of the states of the American union. 7th ed., Boston: Little, Brown. 768, 780

征收私有财产的行为违反了 1963 年州宪法中征收条款的规定。[①] 在判决中,哈斯科克案的法庭认为:"维恩郡企图将被征收财产转让给私主体使用,这与本州宪法生效时通常所理解的'公共使用'的含义完全相悖。"[②] 换言之,法院认为在哈斯科克案中,应当对"公共使用"进行严格解释。该判决意见获得了四名州最高法院法官的支持,他们分别是罗伯特·扬 (Robert P. Young)、莫拉·科里根 (Maura D. Corrigan)、克利福德·泰勒 (Cliford W. Taylor) 和斯蒂芬·马克曼 (Stephen J. Markman)。[③] 该案的其他法官也在独立意见中同意推翻波尔敦案的判决。[④] 随后,法官们进一步分析了州宪法中公共使用条款的作用。他们认为,根据 1963 年州宪法生效时的通常理解,"公共使用"是指公众实际的、直接的使用。因此,该条款时应当被视作为对于征收的限制。[⑤] 换言之,哈斯科克案的法庭认为,1963 年州宪法被批准生效时,制宪者将"公共使用"纳入宪法中作为公用征收的构成要件,是为了防止州政府将被征收的财产转让给其他私主体供其私用。[⑥]

综上所述,密歇根州最高法院不仅判定韦恩郡的征收因为不符合"公共使用"条款的要求而违宪,还判决中推翻了之前波尔敦案的先例。哈斯科克案的法庭认为,波尔敦案的判决与州最高法院一贯坚持的征收法理论相悖,因此不应当将其作为先例适用于该案。在这些法官看来,哈斯科克案的判决并未"创制新的法律规则,而只是回归于本州的法律传统,即波尔敦案之前,本州宪法于 1963 年生效时所遵循的理念"。[⑦] 一言以蔽之,哈斯科克案的法庭认为,公共使用就是通过规范被征收财产的所有权归属和使用方式发挥限制征收权的作用。

如同当年的波尔敦案一样,哈斯科克案也在产生了广泛的影响。首先,该案的判决为各级法院甚至是联邦最高法院在司法判决中回归"公共使用"之原意奠定了基础。如上文所述,该案通过推翻波尔敦案的先例,彻底否定了政府以发展

---

① County of Wayne v. Hathcock, 471 Mich. 445, 451 (2004).

② County of Wayne v. Hathcock, 471 Mich. 445, 451 (2004).

③ County of Wayne v. Hathcock, 471 Mich. 445, 485 (2004).

④ County of Wayne v. Hathcock, 471 Mich. 445, 485, 505 (2004).

⑤ County of Wayne v. Hathcock, 471 Mich. 445, 468, 472 (2004).

⑥ County of Wayne v. Hathcock, 471 Mich. 445, 468, 472 (2004).

⑦ County of Wayne v. Hathcock, 471 Mich. 445, 468, 487 (2004).

经济为目的，通过行使征收权将某一私主体的财产转让给另一私主体的行为。其次，哈斯科克案的判决还为其他法院分析宪法中征收条款的文本提供了可靠的方法论。在该案的判决中，所有法官都认为，诸如"公共使用"之类的宪法用词，法院对于其内涵的解释应当遵循制宪者制定宪法时的一般理解。[①] 最后，哈斯科克案通过回归严格解释的传统，而重新定位了法院的制度角色。该案的法庭认为，波尔敦案中将公共使用等同于公共目的对于法院的制度角色而言是完全错误的，因为，法院历来是"决定国家征收是否符合公共使用之要求的适格主体"。[②] 换言之，哈斯科克案的法庭认为，在执行征收权的宪法限制时，司法机关应当扮演重要的角色。

第三节　国家征收异化的原因与影响

一、战争、新政与联邦职能的扩展

国家征收的异化主要是因为 19 世纪末至 20 世纪上半叶美国宪法实践的革命性转型。如前文所言，在这一时期的开始阶段，美国的政治权力因为进步运动而开始集中于联邦政府，结果是联邦政府权威的大大扩展。同时，先后两次世界大战造成的外部压力，使得罗斯福"新政"成为了历史中的必然。这为美国联邦政府的权力渗透到美国生活的各个方面奠定了基础。详言之，在这一时期，美国政府逐渐抛弃了之前一直坚持的以维护自由竞争资本主义秩序为目标的法律实践，转而提出并开始实践以协调多元利益、注重公民基本权利保护的能动的宪法观。与此相适应，联邦政府的绝对权威无可争议地建立起来了，集权式联邦制 (centralized federalism) 开始出现，并取代了 19 世纪的二元联邦制，成为了新世纪美国央地分权中的主流模式。此外，在联邦政府的横向分权中，总统的权力也得到了空前的强化和扩张。

---

① County of Wayne v. Hathcock, 471 Mich. 445, 487–488 (2004).

② County of Wayne v. Hathcock, 471 Mich. 445, 480 (2004).

自建国之日起，联邦与州之间的权力划分就是美国政治生活中的一个核心问题。从南北战争结束开始，联邦政府便着手扩大其权力，例如先后通过了宪法第十三、十四和十五修正案。在随后到来的工业化与进步时代，联邦政府对经济事务的管理能力和范围进一步增强和扩大。但这些改革都是有限的和局部的，影响力往往也是短暂的，结果更是难以预料，而 20 世纪上半叶联邦政府权力的扩大则是全面的。联邦政府的权力渗透到不断扩大的公共政策领域，从市场经济到社会福利、从股票交易到洪水治理等都被纳入联邦政府的管辖权限之内。在这种新的集权联邦制体制之下，总统的权威和权力无论从形式上还是从内容上都有了实质性的扩大。而造成这一切的原因，除了制度自身的路径依赖特性，还因为突发外部压力的出现，即两次世界大战。

1914 年 8 月，第一次世界大战爆发。三年后美国国会两院以压倒性的多数通过决议，正式参战。与内战一样，第一次世界大战为联邦政府权力的扩大创造了极好的机会。与内战相比，一战是近代世界史上一场国际性的"大战"(Great War)，牵涉到复杂的外交和国际关系，因为国家是参与战争的基本单位，战争的进程与结局直接影响到美国联邦整体的安全及其在世界权力结构中的地位。因此，只有联邦政府才能发挥有效的领导作用，组织战争需要各种资源，保证美国能够顺利和成功地应对战事。而总统更必须担负总的协调、指挥和领导的作用。总之，前所未有的世界性大战为美国国内制度的改革和调整提供了直接的外部原因和动力。

为了应对战争，联邦政府建立了战时工业委员会 (War Industries Board) 管理全国经济。该委员会负责制定工业生产规范和标准，决定产品生产的优先性，有权调用生产原材料，审查和批准新企业的设立。除此以外，联邦政府还加强了对其他与国计民生相关的事务的管理，如食品卫生和燃料管制等。同时，国会还通过了一系列法律，对公民权利的应用做了严格的管制。[①] 战时的集权管理虽然是

---

① See, e. g. An Act to punish acts of interference with the foreign relations, the neutrality, and the foreign commerce of the United States, to punish espionage, and better to enforce the criminal laws of the United States, and for other purposes, in Statutes at Large, 40 Stat. 217–219 (1917); An Act to amend section three, title one, of the Act entitled An Act to punish acts of interference with the foreign relations, the neutrality, and the foreign commerce of the United States, to punish espionage,

暂时的，但效果却非常明显。一战结束时，美国的经济能力和效益大大提高，许多基础工业和制造业也都超过了欧洲，美国人甚至还掌握世界 40% 的财富。持续的经济增长和繁荣与联邦政府积极主动的管理行为密不可分。而美国在国际社会中地位的上升，也与威尔逊积极的外交领导有着重要的关系。

战争时期联邦政府权力扩大的最突出表现就是总统权力的增强。以威尔逊总统为例，他不仅说服了国会两院宣布参战，还提出了极具野心的"十四点原则"(Fourteen Points)，以宣示美国在战后重建中的立场。虽然该"十四点原则"最终因为参议院中共和党人的反对而未能全部实现，但脱胎于此的《凡尔赛和约》则使威尔逊成为了美国历史上第一个通过武力把美国利益推进到世界范围，并期望以美国价值观统帅全球发展的总统。简言之，威尔逊开创了一种崭新的总统外交模式，为总统行政权和立法权的扩展开辟了道路。

经过一战，美国联邦政府权力的扩大已经成为无可争议的事实。威尔逊之后的几任共和党总统不仅没有否认这一点，反而不断地尝试如何使用扩大了的联邦政府的权力。在 20 世纪 20 年代的共和党总统中，胡佛的尝试最具有代表性。虽然胡佛在 20 年代初曾大肆鼓吹要恢复美国传统的价值观，但他和他的前任们都清楚知道，深深介入国际事务的美国，已经无法重新返回自由竞争资本主义的时代了。因为美国一方面希望将一战期间取得的经济优势保持下去，并最终在国际竞争中击败正在复苏的欧洲；另一方面国内经济的发展必须受到一定程度的限制和管理，以此防止法西斯化或社会主义化。[①] 而要实现这些愿望，必须以强大的中央政府为后盾。在这种背景下，胡佛提出了"新个人主义"(New Individualism)的思想，以求在新的时代背景中恰当地行使扩大了的联邦权力。"新个人主义"并非提倡将联邦政府的功能扩大到全面调整社会各利益集团间关系的程度，并非指国家利用强制手段，对社会财富实行再分配；他实际主张联邦政府运用公共管理的手段，在企业之间、企业与政府之间建立一种合作关系，将企业之间的恶性竞争转变为一种良性竞争，把企业与政府之间的敌对关系转化为合作关系。据此，

---

and better to enforce the criminal laws of the United States, and for other purposes, approved June fifteenth, nineteen hundred and seventeen, and for other purposes, in Statutes at Large, 40 Stat. 553–554 (1918).

① 王希 . 原则与妥协：美国宪法的精神与实践 [M]. 北京：北京大学出版社，2014 : 383~384.

一战后联邦政府虽然调整了一些集权管理的政策，包括将铁路交还给私人企业管理，撤销政府对电力工业的管制等，但并没有向监管性国家的方向发展。联邦政府在削减一部分政府功能的同时，又扩大了政府在其他方面的功能。

虽然威尔逊以来的几任总统都在向着监管性国家的方向发展，但联邦政府对于经济的管理和干预并没有彻底解决美国经济资源和利益分配不均的问题，而联邦最高法院对私有财产的竭力保护，则进一步减弱了政府管制的效果。最终，长期积累的经济问题在 1929 年爆发出来，并迅速蔓延形成了历史上著名的"大萧条"(The Great Depression)。胡佛政府被迫直接干预经济，但却拒绝由联邦政府向失业者提供救济。同时，胡佛政府还放任大垄断企业借助经济危机的合并行为。结果，共和党人在 1932 年的总统大选中惨败，民主党总统候选人富兰克林·德拉诺·罗斯福 (Franklin D. Roosevelt) 成功入主白宫。次年，罗斯福政府上任后，便开始积极推进在竞选中宣传的"新政"(New Deal)，以摆脱"大萧条"带来的一系列负面影响。总体而言，在"新政"思想的指导下，罗斯福政府坚决地摆脱了传统的自由竞争经济理论对联邦政府权力的约束，采取了大面积的干预措施，将联邦政府从过去的只是进行边缘性的经济管理、调节各州之间经济利益的政府，变成了一个全面的行政国家的政府。与进步时代那种条件反射式的政府干预相比，新政时期的宪法实践更加强调联邦政府在组织和管理社会方面的主体作用。

新政自 1933 年罗斯福上任开始，一直延续到 1938 年第二次世界大战前夕。罗斯福政府主要以立法的形式推行新政，其中包括了两个主要阶段：复兴 (1933 — 1935) 和改革 (1935 — 1938)。在复兴阶段，罗斯福政府的主要目标是拯救危机深重的经济，阻止经济进一步恶化，恢复人民和企业对经济的信心。1933 年上任伊始，罗斯福便动用了宪法允许的非常时期的总统权力来稳定金融秩序。同年，他又要求国会召开会议，分别批准了《紧急银行法》《联邦证券交易法》和《全国工业复兴法》(NIRA)。在这些新政立法中，最具代表性，影响范围最广泛的是《国家工业复兴法》。[①] 根据该法规定，联邦政府建立了全国复兴管理局

---

① An Act to encourage national industrial recovery, to foster fair competition, and to provide for the construction of certain useful public works, and for other purposes, in Statutes at Large, 48 Stat. 195–211 (1933).

（NRA）。这是新政初期最有权威的联邦官僚机构，是罗斯福政府实施复兴法的重要工具。复兴管理局主要负责调整和管理劳工与企业之间、企业与企业之间、州与联邦之间的政治和法律关系。此外，《国家工业复兴法》并没有完全排斥市场竞争机制。它规定，私人企业主有权主动发起协会，与劳工和政府部门协商建立本行业的竞争规范。换言之，它将市场竞争的立法权又间接地转移到了私营企业手中。这种安排使得企业界有机会建立一种新的市场经济模式，即在政府的支持和监督下，各企业协商建立一种对各方都有利的市场秩序，实行竞争中的理性自治，进而摆脱企业界长期以来的无序竞争，并消弭其对政府干预的敌意和冲突。当然，复兴局的制度设计也存在缺陷。在实际运行中，复兴管理局负责协调政府公共政策和私有企业之间的利益，并使政府管理经济的功能转为一种主导性的、积极的作用。其制定的规划有很大的强制性，但操作和实施的机制却极其软弱，仅能依靠司法部对违反的企业和个人起诉。

1934 年的国会中期选举中，民主党人获得了国会两院的绝对控制权。这为罗斯福新政的深入实施提供了坚实的基础。自 1935 年起，新政进入了以改革为特征的第二阶段，其主要的方向是缩小贫富差距，维护社会公正。首先，国会于1935 年通过了《社会保障法》。该法通过税收、联邦专项资金和州配套资金的方式，建立了覆盖失业人员、老年退休人员，以及残障人士、孤儿和无家可归者的社会救济基金。[①] 通过该法，罗斯福政府初步建立起了一套以联邦为主的社会保障制度。并且，由于是通过税收实现社保计划的收入，使得其极难被后来者推翻。其次，国会还在同年通过了《全国劳工关系法》，并建立了全国劳工关系局（NLRB）。该法明确规定雇员有权组织和加入工会，有权与雇主进行集体谈判。在保障雇员权利的同时，该法还详细列举了雇主的违法行为。[②] 此后，1938 年的《公平劳工标准法》

---

① An Act to provide for the general welfare by establishing a system of Federal old-age benefits, and by enabling the several States to make more adequate provision for aged persons, blind persons, dependent and crippled children, maternal and child welfare, public health, and the administration of their unemployment compensation laws; to establish a Social Security Board; to raise revenue; and for other purposes, in Statutes at Large, 49 Stat. 620–648 (1935).

② An Act to diminish the causes of labor disputes burdening or obstructing interstate and foreign commerce, to create a National Labor Relations Board, and for other purposes, in Statutes at Large, 49 Stat. 449–457 (1935).

又建立了最低工资制与最高工时制，并禁止使用 16 岁以下的童工。[①] 最后，罗斯福政府和国会还进一步在社会财富的分配方面进行改革。1935 年国会通过了新的联邦《税收法》，提高对富人征税的额度。[②] 同年，国会还建立了农村电力局，专门负责管理向贫困偏远的农村提供廉价的电力供应。

综上所述，为了应对经济危机及其造成的一系列社会问题，罗斯福政府借机扩充了总统权力。而为了制止危机，国会对总统要求的立法都一一通过。在"百日新政"期间（1935 年 3 月 9 日－6 月 16 日），罗斯福向国会提交了 15 项重要的提案，国会几乎没有任何犹豫，全部予以批准。由此，罗斯福通过新政的实施开创了一种全新的立法模式，即由总统的幕僚班子迅速起草制定各种其认为是必要的法律，然后交由国会批准。这就改变了过去那种仅由总统建议，而由国会立法的做法。同时，为了提高立法的效率，国会也改变了自身的立法程序。在新政时期，国会一般定出大方向和程序，然后由行政部门的专门委员会按此方向和程序去制定专门的措施。总统和国会在立法程序上的改变是适应日益复杂与专业化的经济社会关系的结果，有利于保证立法的质量和实用性。但是，这也模糊了国会与总统各自拥有的立法权的界限，并增加了行政部门的专门机构，从而使联邦政府变得庞大起来。而联邦行政与立法机关扩大的实质是联邦权威的强化和职能的扩展。借助新政，美国联邦政府从"守夜人"，真正地变成了以担负社会责任、并保障人民经济和社会福利为职责的现代化政府。

二、联邦最高法院对新政态度的转变

虽然罗斯福在应对经济危机时进行了大刀阔斧的经济改革，并借此增强了联邦权威，扩大了总统的权力，然而，作为一个以分权为基础政治结构的国家，行政部门权力的增大，国会的自动让权，最终还需要得到联邦最高法院的认可。根据 1803 年建立的司法审查原则，一部法律是否合宪是由联邦最高法院进行最终

[①] An Act to provide for the establishment of fair labor standards in employments in and affecting interstate commerce, and for other purposes, in Statutes at Large, 82 Stat. 1060–1069 (1938).

[②] An Act to provide revenue, equalize taxation, and for other purposes., in Statutes at Large, 49 Stat. 1014–1028 (1935).

裁定的。而新政的政治理想——建立一个由联邦政府来引导和组织的全民福利社会——并没有得到联邦最高法院的支持。

在 1934 至 1936 年间，联邦最高法院在一系列案件中宣布新政的核心法律违宪，阻止了罗斯福对美国经济和社会改革的步伐。1934 年，最高法院在任的 9 名大法官在政治观点和法理原则上分为三派。其中，布兰代斯法官积极提倡法律现实主义原则，他与哈伦·斯通、本杰明·卡多佐一起构成了联邦最高法院内的"自由派"(liberals)，并对罗斯福的行政持同情和支持的态度。在剩下的法官中，威利斯·范德瓦特、皮尔斯·巴特勒、萨瑟兰和麦克雷诺兹是强硬的保守派，十分反感新政；休斯与欧文·罗伯茨则是中间派。为了反对新政，并维护原有的二元联邦制，保守派的法官们经常援引宪法第五修正案中的财产保护原则，以及第十四修正案中的正当程序和特权、豁免权条款质疑新政。[1] 简言之，保守派的中心思想就是坚持 19 世纪以来的二元联邦主义，保证私有财产的绝对性，阻止新政计划的实施，最终阻止集权式联邦政府的出现。

最高法院审理的与新政有关的首个案件是 1934 年的住宅建设和贷款协会诉布莱斯德尔案(Home Bldg. & Loan Ass'n v. Blaisdell)。[2] 该案涉及明尼苏达州一项房屋贷款延期偿还权的合宪性问题。根据一般规定，贷款建房者如果不能按时归还贷款，借贷机构就有权要求法院强行收缴房屋以冲抵贷款。但是，明尼苏达州政府考虑到经济萧条对贷款者偿债能力的影响，进而规定该州法院有权在经济危机尚未过去的紧急状态下，继续免除贷款建房者如期还款的义务。据此，明尼苏达州的下级法院和最高法院都允许布莱斯德尔夫妇延期偿还贷款。贷款协会则将此案上诉至联邦最高法院，并主张涉案的贷款延期法违反了联邦宪法中的合同条款，以及第十四修正案中的正当程序条款和平等保护条款。

在该案的多数意见中，首席大法官休斯等人判定，贷款协会的主张无法成立。休斯法官的判决带有浓厚的法律现实主义的色彩。他认为，虽然"紧急情况下不能产生新的权力，但却可以为权力的运用制造机会"。联邦宪法中的合同条款并不是绝对的，而州政府有权立法来保卫本州人民的关键利益。因此，休斯法官指

---

① 王希. 原则与妥协：美国宪法的精神与实践 [M]. 北京：北京大学出版社，2014：411.
② Home Bldg. & Loan Ass'n v. Blaisdell, 290 U.S. 398 (1934).

出：在布莱斯德尔案中，"合同条款的问题不再是合同的一方反对另一方，而是一个如何运用合理的方法保障一个能使所有人受益的经济结构的问题"。[1] 与此相对，四名保守派法官坚持认为，无论有何种紧急状态，都不能改变宪法的原意。因此，宪法中的合同条款只能采取严格解释，而不能因时而异；对宪法不能做此一时彼一时的解释。后来，这四名法官对新政的所有案件都采取了与前述观点一致的立场。他们反对法庭的多数意见，认为如果紧急状态可以改变法律，那么也可以停止宪法的使用。[2]

布莱斯德尔案后，联邦最高法院审判了10个与新政有关的案件，并相继将《全国工业复兴法》第9条、《复兴法》本身、《铁路养老金法》《农场房屋贷款法》《农业调整法》《全国烟煤管理法》《城市破产法》等宣布为违宪。总之，保守派法官对于新政最为反感之处在于，它表现出了强烈的集权联邦制色彩。他们担心，新政将立法权过多地转移给行政部门的各类机构之后，会破坏原有的联邦制结构，并打破不同权力之间的制衡。

最高法院的一系列判决不仅阻碍了罗斯福政府实施新政，还为保守派准备了政治武器，助长了反对新政的呼声。为此，罗斯福于1937年连任之后便开始着手改组最高法院和联邦司法系统，但最终并未成功。转机出现在1937年3月至5月，联邦最高法院出现了一系列人事变动。[3] 联邦最高法院中自由派的力量因此得以加强，并由此开启了以自由派原则为主导来审查新政政策的局面。例如，在西岸旅店诉帕里什案 (West Coast Hotel Co. v. Parrish) 中，最高法院就完全拒绝以自由竞争资本主义的意识形态解释"契约自由"原则。作为西岸旅店的一名女性雇员，帕里什控告旅店付给她的工资低于华盛顿州最低工资法的规定，因而是一项违法行为。[4] 首席大法官休斯在判决中指出，宪法保护公民的自由，但该自由是否包括契约自由，宪法并没有明确指出；即使受宪法保护，契约自由也不是

---

①   Home Bldg. & Loan Ass'n v. Blaisdell, 290 U.S. 398, 461 － 448(1934).

②   Home Bldg. & Loan Ass'n v. Blaisdell, 290 U.S. 398, 449 － 483(1934).

③   国会通过了《最高法院退休法》，允许最高法院大法官在年满70周岁后退休，这间接推动了一些保守派大法官做出退休的决定。同年5月，保守派大法官范德万特宣布退休，这使罗斯福有机会任命一名新的大法官，而原本摇摆不定的罗伯茨大法官也在此时转向支持自由派，加上原有的3名自由派法官，自由派在最高法院占多数。

④   West Coast Hotel Co. v. Parrish, 300 U.S. 379 (1937).

"绝对的和不受控制的"(absolute and uncontrollable)；对自由的保护是由社会提供的，而社会则必须反对任何有损人民"健康、安全、道德和福利的种种邪恶"；所以，"自由必须受到正当程序的制约 (subject to the restraints of due process)"，凡是为了保护公众利益而采纳的规定就是正当程序。[①]自此，新政期间任何管理经济的联邦法和州法都没有再被最高法院以侵犯正当程序为由而推翻。

最高法院态度的转变具有重大意义。它表明该院对政府职责的重新认识，也表明在新环境下，一度为"自由竞争式资本主义"和"契约自由"思潮所淹没的"公共福利"原则重新被突显出来。此后，联邦最高法院先后在全国劳工关系委员会诉琼斯和劳克林钢铁公司案 (National Labor Relations Board v. Jones and Laughlin Steel Corp.)、斯图尔特机器公司诉戴维斯案 (Stewart Machine Co. v. David) 中，分别支持了两项重要的新政立法，即《全国劳工关系法》和《社会保障法》。在前案中，法院推翻了 19 世纪占主导地位的二元联邦主义原则，并认为《全国劳工关系法》的管理措施并没有违反第五修正案所保护的公民财产权；[②]在后案中，最高法院则否定了保守派主张的第十修正案对州权的保护。该院认为，联邦政府有权征税以服务于美国的公共福利，而对失业者的救济补助不仅是公共福利的一部分，还是联邦政府的职责所在。因此，《社会保障法》不是对州权的损害，而是州与联邦为了实现共同的国家目标进行合作的途径。[③]此后，联邦最高法院在其他案件中又陆续支持了 1938 年的《公平劳工标准法》和《农业调整法》等新政立法。

总之，上述一系列判决不仅有力地支持了罗斯福的新政政策，还改变了联邦最高法院对联邦制的传统解释，极大地扩充了联邦政府的权力。通过这些判例，联邦政府管理商业和经济的权力不断扩大，并进入以前无法管理的领域，如劳资关系、社会保障、物价控制等。自此，美国社会开始进入一个联邦和州政府对经济和商业进行全面管理的时代。

---

①　West Coast Hotel Co. v. Parrish, 300 U.S. 379–414 (1937).

②　National Labor Relations Board v. Jones and Laughlin Steel Corp. 301 U.S. 1 (1937).

③　Stewart Machine Co. v. Davis 301 U.S. 548 (1937).

三、未成功的努力：凯洛诉新伦敦市案

哈斯科克案的判决很快就对联邦最高法院产生了影响。在该案推翻波尔敦案的先例，并确立新的规则仅仅两个月后，联邦最高法院就决定重审康涅狄格州最高法院关于凯洛诉新伦敦市案 (Kelo v. City of New London) 的争议性判决。审理该案的最高院法官们认为，凯洛案的关键问题在于经济发展本身是否属于公共使用。在联邦最高法院审理凯洛案的同时，密歇根州最高法院做出了哈斯科克案的判决。虽然后者是依据州宪法做出的，但它却为凯洛案的审理提供了洞见。[①]

凯洛案缘起非营利性私人公司行使国家征收权是否符合宪法的争议。该案最初由康涅狄格州高级法院受理，最后诉至联邦最高法院。新伦敦市为了重振经济，通过了一项整体发展计划，并授权一家非盈利性的私人公司执行之。该公司通过购买的方式，从愿意出售土地的所有权人手中获得了发展计划所涉的大部分土地。对于不愿意出售土地的人，新伦敦发展公司 (New London Development Corporation) 则准备通过征收程序强制获得其土地。被强制征收的土地所有者认为，新伦敦发展公司的征收行为违反了联邦宪法第五修正案征收条款中的公共使用条款，遂向法院起诉。而新伦敦发展公司则坚持认为，征收行是为了满足刺激该市经济的需要，被征收的财产将被用于实现"公共目的" (public purpose)，因此符合"公共使用"原则的要求。

因此，凯洛案的关键争议在于原被告双方对于"公共使用"的解释标准。而最高法院的法官们对于如何解释这一原则产生了巨大的分歧，并在判决书中展开了激烈的论辩。虽然联邦最高法院的判决最终支持了被告方，认为该案中对于原告财产的征收行为符合征收条款中"公共使用"的规定，但该案院的法官们对于应当以何种标准解释"公共使用"的内涵却并未达成一致，支持判决结果的一派认为应当以形式化的标准进行解释，即征收行为只要是出于提升共同福利的目的，并使整体福利得到增加，就符合"公共使用"原则的要求；另一派则认为应当以实质化的解释为标准，即被征收的财产只有被国家或者公众实际地使用才能构成

---

① Amanda S. Eckhoff & Dwight H. Merriam, Public Use Goes Peripatetic: First, Michigan Reverses Poletown and Now the Supreme Court Grants Review in an Eminent Domain Case, ABA–KELO s 2, at 43.

"公共使用"。

史蒂文斯法官 (Justice Stevens) 代表法庭撰写了多数意见，他在其中指出，"公共使用"于 19 世纪中期刚刚确立时，就包括两大构成要件：(1) 即使支付了合理赔偿，国家也不能强制将某一私主体的财产转让给另一私主体；(2) 即使国家强制将某一私主体的财产转让给另一私主体，也必须保证该财产在未来能够被公众使用。[①] 然而随着时间的推移，其中的第二个要件逐渐被证明是难以执行且不切实际的。因此，在 19 世纪后期的判例中，有法院认为应当以更宽泛和更自然的方式来解释"公共使用"一词，即将其理解为"公共目的"(public purpose)。[②] 简言之，在凯洛案中，法院的多数意见认为，"公共使用"应当包含两层意思：(1) 国家不能依征收权强制性地将某一私主体的财产转让给另一私主体。(2) 该转让若是为了实现某一"公共目的"，则征收权的行使就不受前一规定的约束。

据此，史蒂文斯法官认为新伦敦开发公司的征收行为符合"公共使用"的要求，因为，新伦敦发展公司代为行使征收权而获得原告方的土地，并不是为了使自身获利，而是出于重振新伦敦市经济的目的，是为了满足"公共目的"。并且该案中的"公共目的"也不是空洞无物的借口，它是基于一项"认真考虑"的发展计划而产生的，[③] 也即"公共目的"的内容和实现与否可以通过一定的指标加以衡量。史蒂文斯法官进一步指出，促进经济发展是政府传统的并广为接受的职能。[④] 新伦敦开发公司的征收行为，是为了保证一个完整细致的经济发展计划得以顺利实施的重要手段。而发展经济，促进整体福利的增长是政府的"公共目的"之一，对于该目的的追求，通常会使作为私主体的个人从中获益。[⑤] 因此，该案中的征收行为是符合"公共使用"的规定的。

总而言之，凯洛案判决中的多数意见主张对"公共使用"进行扩张解释。在此标准下，征收行为只要能够促进整体福利的增长，就符合"公共使用"的要求。这实际上是一种目的化和形式化，并以结果为导向的解释标准，它并不要求被征

---

① Kelo v. City of New London, 545 U.S. 469, 477–478 (2005).

② Fallbrook Irrigation Dist. v. Bradley, 164 U.S. 112, 158–164 (1896).

③ Kelo v. City of New London, 545 U.S. 469, 477–478 (2005).

④ Kelo v. City of New London, 545 U.S. 469, 484 (2005).

⑤ Kelo v. City of New London, 545 U.S. 469, 487 (2005).

收的财产能够被公众实际地使用，而更关注征收行为对整体福利的影响。

虽然联邦最高法院支持了新伦敦市的诉求，但是仍有法官坚决反对凯洛案法庭出具的多数意见。奥康纳法官和托马斯法官 (Justice Thomas) 都主张对"公共使用"原则进行限制解释，即对该原则的解释不仅应当严格遵循"公共使用"的字面意思，以及它在整个宪法文本中联系上下文所应有的意思，还应当尊重立法者的原始意图。而不是如 20 世纪以来的那样，盲目地遵循先例中的扩张解释，并置一些基本事实于不顾。[1] 就此而言，以凯洛案为开端，美国社会开始反思并挑战法院长久以来对"公共使用"进行扩张解释的做法。

在反对意见中，奥康纳法官通过援引考尔德诉布尔案 (Calder v. Bull) [2] 中指出，凯洛案中的征收行为并不构成公共使用，而是纯粹地用强制性手段将某一私主体的财产转让给另一私主体的行为，这实际上是将公共使用条款从宪法第五修正案中剔除了。[3]

为了论证自己的观点，奥康纳法官对第五修正案所允许的征收行为进行了分类。她将其分为三类：第一，将私有财产转让给具有公共属性的主体；第二，将私有财产转让给另一私主体，后者允许公众直接使用该财产；第三，在某种情况下，将私有财产转让给另一私主体用作公共目的，但是公众并不能直接使用该财产。[4] 奥康纳法官认为，凯洛案中的征收不属于前述中的任何一种，因而是非法的。她指出，如果仅仅因为有足够的正效应存在，就可以合宪地将一个私主体的财产强制转让给另一个私主体，那么第五修正案中的"公共使用"条款就不能对抗任何征收行为。因为，任何对私有财产的合法使用都可以被解释为促进了公共福利的增长。[5]

最后，奥康纳法官还通过援引麦迪逊对征收条款的辩护指出，"公共使用"一词的存在是为了保护私有财产免受"多数人的暴政"的侵害，[6] 而凯洛案中的

---

① Hawaii Housing Authority v. Midkiff, 467 U.S. 229(1984); Berman v. Parker, 348 U.S. 26 (1954).

② Calder v. Bull, 3 U.S. 386, 3 Dall. 386 (1798).

③ Kelo v. City of New London, 545 U.S. 469, 494 (2005).

④ Kelo v. City of New London, 545 U.S. 469, 497–498 (2005).

⑤ Kelo v. City of New London, 545 U.S. 469, 501 (2005).

⑥ Kelo v. City of New London, 545 U.S. 469, 496 (2005).

多数意见显然偏离了这一初衷。她因此主张，法院对于"公共使用"的解释应当忠于其最原始意义。

与奥康纳法官相比，托马斯法官的反对意见更加尖锐，他不仅认为现代法院对"公共使用"的扩张解释背离了立法者的原意，还主张必须严格地依据文本的字面意思解释"公共使用"，以形成一种限制解释，确保私主体能够根据第五修正案有效地对抗征收权。

托马斯法官在他的反对意见中批评了最高法院的多数意见，他认为"公共使用"最初目的是为了防止征收权被政府滥用，然而凯洛案的多数意见却把它明确的内涵替换成了一种"多元的且总是变动不定的社会需求"。[1]有鉴于此，托马斯法官主张，法院对于"公共使用"的解释必须严格地依据宪法原文进行，并且还应当根据宪法文本的结构、上下文关系，以及相关的历史证据。他进一步指出，只有当公众能够直接使用被征收的财产时，征收行为才是合法的；而公众从征收行为中间接获益，则不能成为征收行为合法的依据。[2]简言之，所谓"公共使用"就是指公众能够直接使用被征收的财产。

综上所述，凯洛案的核心问题就是，法院对"公共使用"的解释应当遵循何种标准。法院的判决自然是遵循 20 世纪以来一连串先例的主张，即应当对"公共使用"原则进行扩张解释。而反对的意见则认为形式化的解释标准实际上使"公共使用"被去功能化了，使其无法对国家的征收权进行有效限制，因此应当对"公共使用"进行限制解释，即以公众能够直接地、实际地使用对被征收财产作为解释的标准。

---

[1] Kelo v. City of New London, 545 U.S. 469, 506 (2005).

[2] Kelo v. City of New London, 545 U.S. 469, 506–514 (2005).

第四章　管理性征收：行政规制与财产权的矛盾

因现代化过程中的集权作用，联邦政府的权力范围不断扩大，并最终形成了"监管性国家"。这必然会导致公权与私权之间的摩擦和矛盾增加，前文所述国家征收的失控与异化就是具体的例证。立法机关即是如此，天生具备扩张性的行政机关就更难以免俗。自"监管性国家"出现，行政机关尤其是联邦行政机关对于公民日常生活的规制程度就不断加深。其中，许多规制对公民财产权的影响已经与征收无异，但囿于传统的治安权理论，公民无法因这些规制而获得任何赔偿。为此，联邦最高法院在宾夕法尼亚煤炭公司诉马洪案中创设了管理性征收规则，以规范行政部门过度的规制行为，保障公民的财产权。

管理性征收的诞生标志着美国现代征收法的发展进入了一个新阶段。因为，一种全新的征收模式就此出现，行政部门以治安权为基础的公共管理行为在特定的条件下可以转化为征收。换言之，依据全新的管理性征收规则，行政机关也成为了行使征收权的适格主体。然而，管理性征收规则在1922年诞生后的很长一段时间里都没有任何发展。直到1978年的佩恩中央运输公司诉纽约市案，管理性征收的一般规则才得以确立。但是，由于行政规制的复杂性和多样性，当代法院不得不以佩恩案的一般规则为基础，以个案正义为价值，发展一系列管理性征收的特殊规则，由此形成了当代管理性规则碎片化发展的局面。

第一节　管理性征收的诞生：宾夕法尼亚煤炭公司诉马洪案

一、基本案情与法庭意见

通说认为，1922 年的宾夕法尼亚煤炭公司诉马洪案 (Pennsylvania Coal Co. v. Mahon) 标志着管理性征收规则的诞生，该案确立了仅有公共管理行为，而不必实际占有财产也可以构成征收的规则。通过该案，联邦最高院将政府对私有财产的规制纳入了联邦征收法体系。

（一）马洪案的基本事实

宾夕法尼亚煤炭公司诉马洪案发生在宾夕法尼亚州东北部的一个产煤县，当地长期受到因煤炭开采而引发的地面沉降的困扰。在案发前，宾夕法尼亚煤炭公司曾将一块土地的产权转让给了马洪的前一所有人，但在契约中保留了开采此地地下煤矿的权利。马洪在知晓此约定的前提下仍然购买了该块土地，并定居于此。

在马洪居于此地期间，宾夕法尼亚州通过了《科勒法案》(Kohler Act)。该法令禁止煤炭公司进行任何可能导致地面住宅塌陷的采煤活动。[①] 因此，煤炭公司必须在地下保留足够支撑地表的煤柱。然而，宾夕法尼亚煤炭公司没有理会禁令而继续开采，并且提前告知马洪一家其住宅将受到采煤活动的影响。马洪遂根据《科勒法案》诉请法院颁发禁制令。在答辩中，宾夕法尼亚煤炭公司主张，《科勒法案》违反了联邦宪法第五修正案的规定，是对其采矿权的非法征收。

宾夕法尼亚州最高法院支持了马洪的诉讼请求，认为《科勒法案》是州政府合法地行使治安权，煤炭公司的合同权利和财产权被合法地消灭了。因此科勒法案并不构成对宾夕法尼亚煤炭公司采矿权的征收。煤炭公司不服判决并向联邦最高法院提出上诉。在终审判决中，霍姆斯法官 (Justice Holmes) 推翻了州最高院的

---

① Pennsylvania Coal Co. v. Mahon, 260 U.S. 393, 412–413 (1922).

判决，转而支持煤炭公司，认为科勒法案构成对采矿权的征收。

（二）霍姆斯法官的法庭意见

霍姆斯法官在判决中认定，《科勒法案》的相关规定是对宾夕法尼亚煤炭公司财产权的征收。虽然他承认，"如果法律普遍规定，未经赔偿就不能减少财产的某些价值，政府就几乎无法正常运作"，[1] 某些价值因此必须向治安权做出让步。但是，他还认为，政府运用治安权规制财产权应当是有限度的。在判断规制是否超过必要限度时，一个应当考虑的事实是，规制行为减损财产的合理市场价格的程度。[2]

为了排除马格勒-哈达切克案的标准，霍姆斯法官进一步指出，该案中政府并非在行使治安权。马洪案只涉及"一所私人房屋"，其中承载的公共利益非常有限。因此，该房屋因采煤活动而受到的损害并不属于公共妨害。另一方面，他还认为，该案的"征收程度非常大"，《科勒法案》"意图消灭宾夕法尼亚州所承认的土地产权——一项非常值钱的产权"。[3] 根据宾夕法尼亚州的法例，煤炭公司对煤炭的财产权实际是由采矿权构成的。《科勒法案》则使开采某些特定区域的煤炭的行为完全丧失了商业价值。这实际上与征收或者剥夺采矿权几乎具有同样的效果。[4]

最后，霍姆斯法官总结道，联邦宪法第五和第十四修正案都要求征收必须出于公共使用的目的，并以支付合理赔偿为前提。然而，当这种看似绝对的保护受到治安权的限制时，人类的本性就是利用这种限制逐渐地消灭私有财产权。[5] 因此，一般的规则应当是，"财产权可以受到某种程度的规制。但如果管得过多 (goes too far)，该规制行为就应当被认定为征收"。[6]

（三）布兰代斯法官的反对意见

持反对意见的布兰代斯法官 (Justice Brandeis) 则采取了传统的立场。他认为，

---

[1] Pennsylvania Coal Co. v. Mahon, 260 U.S. 393, 413 (1922).
[2] Pennsylvania Coal Co. v. Mahon, 260 U.S. 393, 413 (1922).
[3] Pennsylvania Coal Co. v. Mahon, 260 U.S. 393, 414 (1922).
[4] Pennsylvania Coal Co. v. Mahon, 260 U.S. 393, 414 (1922).
[5] Pennsylvania Coal Co. v. Mahon, 260 U.S. 393, 415 (1922).
[6] Pennsylvania Coal Co. v. Mahon, 260 U.S. 393, 415 (1922).

该案应当适用马格勒 – 哈达切克案的规则："保护公共健康、安全和道德免遭威胁的限制性规定不是征收。"[1] 根据此规则，治安权只限制所有权人以有害的方式使用财产。当被禁止的使用方式不再构成"有害用途"时，限制规定就会终止，所有权人又将获得完全的所有权。鉴于马洪案中煤炭公司的行为可能对社会公众产生危害，《科勒法案》的限制性规定就是合宪的。总之，合法的规制应当同时满足以下两个条件：(1) 政府规制私有财产权必须是出于保护公共利益的目的；(2) 作为实现目的的手段，规制的形式应当恰当。[2]

根据上述标准，布兰代斯法官对规制和征收进行了区分。他指出，《科勒法案》对采矿权的限制是保护公共利益唯一恰当的手段，并且其恰当性并不因同样的目标可以通过行使征收权来实现而消失。[3] 就本案而言，宾夕法尼亚煤炭公司继续开采的商业行为已经成为了一种公共妨害。因此，政府有权禁止煤炭公司的开采行为，而不必支付赔偿金。

最后，布兰代斯进一步反驳了霍姆斯提出的"价值减损"标准。他认为，霍姆斯法官在多数意见中所指的"价值"具有相对性。"如果要考虑因规制而被禁止开采的煤炭的价值，我们就应当将其与涉案地产的其他部分的价值相比较"[4]。因此，本案对财产价值的衡量不应当局限于支撑地表的那部分煤炭，而应当将其扩展至宾夕法尼亚煤炭公司所拥有地产的全部价值。[5]"布兰代斯的这种观点在后来的判决中占据了主导地位"。[6]

综上所述，霍姆斯法官通过马洪案创设的管理性征收规则的核心就是"价值减损规则"(diminution in value test)：政府有权对私有财产进行规制，但是这种规制若使私有财产的价值受到重大减损，则该规制行为就会被认定为征收。至于何为"重大减损"，则应通过"比较规则"(balancing test) 得出，即对规制产生的价

---

① Pennsylvania Coal Co. v. Mahon, 260 U.S. 393, 417 (1922).

② Pennsylvania Coal Co. v. Mahon, 260 U.S. 393, 418 (1922).

③ Pennsylvania Coal Co. v. Mahon, 260 U.S. 393, 260 U.S. 393, 418 (1922).

④ Pennsylvania Coal Co. v. Mahon, 260 U.S. 393, 260 U.S. 393, 419 (1922).

⑤ Pennsylvania Coal Co. v. Mahon, 260 U.S. 393, 260 U.S. 393, 419 (1922).

⑥ Sprankling John G. (2013). Understanding Property Law 3rd ed. Danvers, Mass: Matthew Bender & Company, Inc. 846.

值和受其影响的私有财产减损的价值进行比较。若前者大于后者，则不够成重大减损；反之则构成。

二、一战、规制与经济增长

霍姆斯法官提出的管理性征收规则虽然极具创造性，但如果将其置于更为宏观的背景中就会发现，这其实是经济结构转变，以及随之发生的法律观念变迁的必然结果。

当霍姆斯法官提出管理性征收规则时，美国已经进入了以经济腾飞为核心的现代化成熟时期。[1]这无疑造就了美国政治、经济、社会和文化等各方面的深刻变化。在南北战争结束，直至 1922 年马洪案最终尘埃落定这段时期内，美国不仅经历了第一次世界大战，还经历了两次高速的经济增长。这些都深刻地影响了美国人的观念和美国的制度结构。

南北战争结束后，北方迅速的工业化和新一轮的西进运动保证了美国经济整体的高增长率。首先，南北战争促进了北方工业组织的扩张。由于战争的原因，政治权力从南方的土地主手中转移给了北方的工业资本家。北方的立法者运用新获取的权力，在国会中通过了一系列旨在统一市场并推进工业化的法律。北方政府也依据这些法律建立了相对完善的执行制度，如建立国家银行系统，提高关税以保护本土工业，以及允许征收土地以建设贯通全国的铁路网。[2]其次，新一轮的西进运动则是政府干预私有经济活动的开端。西进运动开启了农业现代化，并在一定程度上促进了全国经济的增长。为了确保农业更好地发展，在 19 世纪末期和 20 世纪初期，政府开始制定法律对自发形成的农业生产组织进行管理。这些法律很快便超出了农业的范围，向其他私有经济领域渗透。[3]与农业现代化并行的是全国性铁路网的扩张，但伴随铁路运输现代化的是各种各样的价格歧视。政府

---

[1]　中国科学院中国现代化研究中心 . 中国现代化战略研究课题组 . 中国现代化报告 2004[R]. 北京：北京大学出版社，2004：2~6.

[2]　Walton G., Rockoff H. (2010). History of the American Economy, 11th ed. Mason OH: South-Western, Cengage Learning. 246.

[3]　Walton G., Rockoff H. (2010). History of the American Economy, 11th ed. Mason OH: South-Western, Cengage Learning. 275.

遂通过立法规制铁路公司的价格和地区歧视行为。联邦最高法院也通过判例支持了政府的规制立法。[1]

现代化从农业、铁路逐渐扩展到其他经济领域，美国经济开始呈现出许多现代特征。[2]这其中最为显著的特征是经济结构的转变，即从农业经济变为工业经济。在 19 世纪 80 年代，农业仍然是美国社会财富的首要创造部门。但是 1890 年的统计则显示，制造业创造的财富已经高于农业产出。到 1900 年，制造业的财富产出已经是农业的两倍。工业化带来了批量化生产 (mass production) 的方式，并促使产业聚集，垄断也随之而生。大型企业的市场垄断行为产生了许多负效应，迫使政府采取行动规制垄断行为，以《谢尔曼法》为代表的一系列反垄断法案应运而生。

进入 20 世纪后，美国首先经历了第一次世界大战的洗礼。战争作为一种外部压力，对制度的构建和变迁都具有重大的影响。虽然只经历了 19 个月的战事，但是美国国内的劳动力和资本却被迅速地大规模动员了起来。[3]在参战期间，美国政府通过制定明确的目标，运用官僚体系引导经济运行，其中最为显著地背离美国市场传统的当属全国铁路的国有化运动。"至战争结束时，华盛顿已经充斥着处理各种经济问题的政府机构。"[4]战争结束后，美国在 1920 至 1921 年间经历了短暂的经济衰退后，迅速地进入了一个长时段的经济扩张。强有力经济扩张使得许多人开始相信"恒久繁荣的新时代已然到来"。

总之，自 1866 年至 1918 年，美国的经济规模持续地扩张，并且推动了整个国家的现代化。经济基础结构的变化，深刻地影响着观念与制度。在工业化过程中，美国政府逐渐地加强了干预经济的力度，直至一战时期国家统制的出现。这表明，反对市场的观念暂时战胜了支持市场的观念。随着战事的结束，美国又回到了传统的市场道路上。但是，一战期间政府对市场成功地规制却在无形中扩大

---

① See, Munn v. Illinois, 94 U.S. 113 (1876).

② Walton G., Rockoff H. (2010). History of the American Economy, 11th ed. Mason OH: South-Western, Cengage Learning. 298.

③ Walton G., Rockoff H. (2010). History of the American Economy, 11th ed. Mason OH: South-Western, Cengage Learning. 381–384.

④ Walton G., Rockoff H. (2010). History of the American Economy, 11th ed. Mason OH: South-Western, Cengage Learning. 385.

了反自由主义观念的受众。

三、霍姆斯：从法律科学主义到法律现实主义

现在，重新将视野转回到霍姆斯大法官身上。管理性征收规则产生于霍姆斯法官之手，绝非完全的偶然性事件，它实际上是霍姆斯法官理性选择的产物。霍姆斯基于自身偏好进行司法行动，将既有制度要素重新组合，最终产生出了新的制度，即管理性征收规则。

小奥利弗·温德尔·霍姆斯 (Oliver Wendell Holmes, Jr.) 与兰德尔是同一个时代的人。他不仅毕业于哈佛法学院，还在兰德尔执掌学院期间就职于此。因此，霍姆斯不可避免地会受到法律实证主义、尤其是兰德尔主义的法律科学理论的影响。虽然美国理论界通常认为霍姆斯是兰德尔的第一个重要批评者，但是在职业生涯的早期，他确实同兰德尔主义有着紧密的联系。霍姆斯同兰德尔主义者一样拒斥自然法，并批评信奉自然法的学者是天真的。[1]他支持奥斯丁的法律命令论(the command theory of law)，"主权是一种形式的权力，而主权者的意志就是法律，这是因为他有权强迫人们服从或处罚不服从的人,而不是因为其他原因。"[2]霍姆斯的早期代表作《普通法》也是受到兰德尔主义影响的产物。该书试图从一个基本原则出发，运用演绎推理获得具体规则，从而重新对普通法的体系进行概念化。霍姆斯在书中写道："接下来两讲的课题是探明：就一切侵权责任的最深层次而言，有没有一个共同的基础，假如有的话，这个基础是什么。如果这一努力获得成功，就能够揭示普通法上的民事责任的一般性原则。"[3]因此,早期的霍姆斯是位忠诚的兰德尔式的实证主义者。

但是，霍姆斯在后来逐渐走上了批评兰德尔主义道路。这主要是因为霍姆斯受到了美国历史法学派的深刻影响。19 世纪下半叶，美国开始出现历史法学派。它主要接受了来自弗里德里希·卡尔·冯·萨维尼 (Friedrich Carl von Savigny) 和亨利·梅因 (Henry Maine) 的观点，认为法律是一个民族缓慢发展的文化的一部分。

---

① 　Oliver Wendell Holmes, Natural Law, 32 Harv. L. Rev. 40, 41 (1918).

② 　Oliver Wendell Holmes, Law and Command, 6 Am. L. Rev. 723 (1872).

③ 　霍姆斯. 普通法 [M]. 冉昊，姚中秋，译. 北京：中国政法大学出版社，2006：67.

在美国,詹姆斯·柯立芝·卡特 (James Coolidge Carter) 是历史法学派最早的拥护者。历史法学派将法律与民族性结合起来看待是基于其历史观的指引。在历史学派看来,"历史是显露了由人类聪明才智激发的无穷进步的潜在可能",因此人类可以为了总体的福利而对社会进行控制和再组织。①对霍姆斯而言,虽然逻辑是重要的,但是法律的实用性永远是居于首位的。因此,他毫不犹豫地接受了历史学派的观点。在《普通法》中,霍姆斯宣称:"法律的生长是立法性的。……那些法官很少提及、而总是为其辩护的那些考虑,恰恰就是法律抽取生命之液的秘密根茎。我指的当然就是对于相关共同体来说什么才是最便利的这样的考虑。"②基于实证主义和历史主义的认识,霍姆斯认为法官拥有制定法律的权力,特别是有意识地为了公共善益而制定法律的权力。例如,在讨论邮箱规则时,"人们的疑问是,合同已经完备的时间,究竟是回复的允诺 (the return promise) 放进信箱之时,还是在它被收到之时?"霍姆斯主张:"假如便利 (convenience) 压倒其他的考虑,那么,便利本身就是采纳便利原则的充分理由。"③而兰德尔对待此问题时,则是严格依据三段论进行推理,并得出到达邮箱即完备的结论。

由上可见,霍姆斯虽然深受兰德尔主义的法律科学思潮影响,但是并没有丝毫放弃对实践经验的思考。因此,他的法律观是一种结合了实证主义和历史主义的更为现代化的思想。首先,霍姆斯关注现实中的法律。受到现代化进程中世俗主义的影响,霍姆斯与同时代的兰德尔等人一样,拒斥了自然法,并将眼光转向现实中的法律。他强调原则和逻辑,认为人可以通过原则和逻辑掌握法律、制定法律。其次,霍姆斯还关注法律的历史性。在现代化的大背景中,他接受了历史主义的观点,并持有进步史观,认为社会可以无限进步,人类则可以运用理性控制和疏导社会变化。因此,法官不是在发现法律,而是以维护和提高公共善益为目标,创造法律。总之,霍姆斯在法律观上的偏好是完全现代主义的。

综上所述,早在管理性征收规则产生之前,已经现代化为核心的社会现代化

---

① 曼菲尔德.从前现代主义到后现代主义的美国法律思想 [M].李国庆,译.北京:中国政法大学出版社,2005:195.

② 霍姆斯.普通法 [M].冉昊,姚中秋,译.北京:中国政法大学出版社,2006:32.

③ 霍姆斯.普通法 [M].冉昊,姚中秋,译.北京:中国政法大学出版社,2006:269~270.

浪潮就已经席卷了美国。它强有力地改变了美国经济的基础结构，并深刻地促进了美国人观念的变迁：神学消隐，世俗主义和历史主义开始大行其道。这种观念的变迁在法律领域表现为自然法的衰落和法律实证主义的兴起。霍姆斯作为这场历史运动的经历者，在个人理性的支配下，选择将兰德尔主义的法律科学和历史主义相结合。这使其成为了一个完全的现代主义者。

四、马洪案的影响

虽然是管理性征收法的开端，但马洪案的判决使得该法处于一种相对混乱的境地。根据霍姆斯法官确立的规则，若规制行为管得"过多"就转变成征收行为的话，那么应当如何对"过多"进行定性和定量呢？学者们为此争论不休，以至于无法就霍姆斯曾适用的标准达成一致。大多数学者认为，霍姆斯的判决实际上是设立了"价值减损标准"(diminution in value test)，即规制活动究竟将财产的价值减损到何种程度。他们主要以霍姆斯的以下论述作为依据：在减少的价值"达到一定程度时，即便不是所有案件，也是大多数案件都必须给予……赔偿"。[①]剩下的少数学者则认为，霍姆斯在判决中实际上采用了"平衡标准"(balancing test)，即比较公共利益增加的程度和财产价值减损的程度。他们主要以霍姆斯判决中的另一句话中作为根据：该制定法并不包含"足以消灭"被告受到宪法保护的权利的公共利益。[②]那么，马洪案确立的管理性征收的标准到底是什么？减少多少价值才是过多？新生的马洪案的规则与传统的"侵扰"或"有害使用"的规则之间的关系也同样成问题。

然而，上述问题在很长一段时间内都淡出了人们的视野，因为法院将马洪案的规则束之高阁了。50年的时间转瞬即逝，联邦最高法院于1978年佩恩中央运输公司诉纽约市案(Penn Central Transportation Co. v. New York City)的判决中才再次审视了有关征收问题。[③]而在此期间，法律界一直都没有澄清马洪案标准的含

① Pennsylvania Coal Co. v. Mahon, 260 U.S. 393, 413 (1922).

② Pennsylvania Coal Co. v. Mahon, 260 U.S. 393, 414 (1922).

③ Penn Central Transportation Co. v. New York City, 438 U.S. 104 (1978).

义。①此后，马洪案的规则没有被再次援引过，而管理性征收法也一直处于休眠状态。同时，也很少有人提起类似的征收诉讼。即使有人提出，法院也会根据"侵扰"或"有害用途"标准驳回其诉讼请求。因为，为了防止公众免受伤害而制订的规制都会因为符合治安权而合法有效。

1987 年，马洪案的规则有了新的发展。当时，在案情几乎完全相同的拱顶石烟煤协会诉迪本尼迪克提斯案 (Keystone Bituminous Coal Ass'n .v DeBenedictis) 中,联邦最高法院做出了与马洪案相反的判决。②该案涉及一项防止地表塌陷的制定法。与马洪案所涉制定法类似，该法要求煤炭公司在开采过程中保留一定量煤柱，以支撑地表。联邦最高法院在该案中适用了新的判案标准，并判定涉案制定法不构成管理性征收。法院在判决中指出，新的制定法不仅获得了比旧法更为广泛的政策支持，而且更为重要的是，在定义"财产"的问题上，联邦最高法院遵循了布兰代斯法官的观点。该制定法要求煤炭公司保留的煤矿数量不超过其所有的煤矿总数的 2%，因此，法院认定全部财产价值减少 2% 是微不足道的。③

第二节　现代管理性征收的一般规则：多因素比较标准

一、佩恩中央运输公司诉纽约市案

佩恩中央运输公司诉纽约市案 (Penn Central Transportation Co. v. New York City)是现代管理性征收法律中最为重要的判例。④该案创设的规则不仅为管理性征

---

① 联邦最高法院在紧接着马洪案审理了两个重要的分区规划案件，即 1926 年的尤科里德村诉漫步者地产公司案 (VillageofEuclidv.AmblerRealtyCo.) 和 1928 年的纳克涛诉剑桥市案 (Nectowv.CityofCambridge)。在判决中，法院甚至没有引用马洪案的判例，尽管后来这两个案件都被归类为"征收"判例。

② Keystone Bituminous Coal Ass'n. v. DeBenedictis 480 U.S. 470 (1987).

③ Sprankling John G. (2013). Understanding Property Law 3rd ed. Danvers, Mass: Matthew Bender & Company, Inc. 847.

④ See generally Eric R. Claeys, The Penn Central Test and Tensions in Liberal Property Theory, 30 Harv. Envtl. L. Rev. 339 (2006); John D. Echeverria, Making Sense of Penn Central, 23 UCLA J. Envtl. L. & Pol'y 171 (2005).

收法提供了迫切需要的一致性，还标志着管理性征收问题重新获得了司法界的关注。虽然佩恩中央运输公司案的规则仍然存在模糊性和不准确性，但相对于令人困惑的马洪案而言，已经是一种进步。

（一）佩恩中央运输公司案的基本案情

根据纽约市《地标保护法》(Land Marks Preservation Law) 的规定，纽约市最负盛名的建筑之一——中央大火车站 (Grand Central Terminal) 被认定为"地标"。该火车站于 1913 年开始营业，是一栋八层楼高的历史建筑，并被认为"不仅为城市火车站建设问题提供了天才的工程解决方案，还是法式艺术风格的杰出代表"。[①]《地标保护法》规定，地标所有者应当妥善保护地标的外部建筑风格；所有者若要改变地标的外部风格，应当事先向纽约市地标委员会提出申请，并获得许可。此外，纽约市的其他条例还允许所有权人将地标所处地块未使用的开发权转移至附近地块。

作为中央大火车站的所有权人，佩恩中央运输公司决定将火车站之上的空间全部租给 UGP 地产公司使用，期限为 50 年。通过此租赁协议，佩恩中央运输公司每年可以获得数百万美元的额外收入；而 UGP 地产公司则计划在此地建造一座 55 层高的办公楼（后改为 53 层）。为此，UGP 地产公司根据《地标保护法》向纽约市地标委员会提出申请，但后者以保护历史建筑为由驳回了前者的所有申请。地标委员会认为："妄图协调一座 55 层高的办公楼和一座华丽的艺术性建筑的空间关系，无疑是一个美学上的笑话。原因很简单，该办公楼的纯粹质量都要远超中央火车站。"[②]

佩恩中央运输公司和 UGP 地产公司不服地标委员会的决定，遂向法院提起了诉讼。它们共同主张，纽约市的《地标保护法》对于中央大火车站附近地产开发的规制构成了对其财产的征收。在诉状中，原告提出了两点具体主张。第一，依据马洪案的规则，纽约市的《地标保护法》构成了对其财产权空中部分的征收。第二，若将涉案财产看作一个整体，《地标保护法》实质上减损了涉案土地的价值，并将保护地标获得的收益转让给了公众。此外，马格勒－哈达切克规则 (Mugler-

---

① Penn Central Transportation Co. v. New York City, 438 U.S. 104, 115 (1978).

② Penn Central Transportation Co. v. New York City, 438 U.S. 104, 117–118 (1978).

Hadacheck test) 不应当适用于本案，因为《地标保护法》的本意并不是要防止公共损害。

综上所述，佩恩中央运输公司案的主要争议可归纳如下：(1) 纽约市的相关制定法对于佩恩中央运输公司和 UGP 地产公司的财产权施加的限制，是否构成联邦宪法第五修正案中所言的"征收"?(2) 如果构成征收，涉案法律中规定的可转让的开发权，是否能够获得"合理赔偿"?[①] 因此，本案最关键的问题在于，纽约市对于私有财产权的规制是否构成了征收条款所言的征收。

二、布伦南法官的"多因素比较标准"

在终审判决中，联邦最高法院以 6 ：3 的投票结果判定，佩恩中央运输公司案中并没有征收发生。布伦南法官 (Justice Brenan) 在多数意见中明确指出，佩恩中央运输公司和 UGP 地产公司的主张不应当得到支持。他认为："'征收'规则并不会把某块土地分割为没有联系的单幅地块，进而判断其中某一地块的权利是否已经被完全消灭。"[②] 因此，法院应当考虑的是《地标保护法》对"涉案土地整体——此处即是被指定为'地标'的税收街区 (tax block)——的权利"的影响。[③] 显然，布伦南法官的论述直接否定了马洪案中的"价值减损标准"。

布伦南法官还指出，虽然联邦宪法第五修正案是为了防止政府强制某些人承担本应由全体公民承担的责任，以保证政府公平公正地行事，但是，在判断政府的行为是否构成征收时，并不存在任何"固定的公式"(set formula)。[④]因此，法院在做出相关判断时，通常依靠若干重要的因素，其本质上是专门的事实调查标准。[⑤]这些因素主要包括以下三项：

第一，"规制对权利人的经济影响"；

第二，"规制干涉显著的投资——回报期待的程度"；

---

① Penn Central Transportation Co.v. New York City,438 U.S.104,122(1978).

② Penn Central Transportation Co.v. New York City,438 U.S.104,130(1978).

③ Penn Central Transportation Co.v. New York City,438 U.S.104,130–131(1978).

④ Penn Central Transportation Co.v. New York City,438 U.S.104,123–124(1978).

⑤ Penn Central Transportation Co.v. New York City,438 U.S.104,124(1978).

第三，"政府行为的性质"。^①

依据上述三个因素，布伦南法官认定，在佩恩中央运输公司案中并不存在征收行为。首先，地标法对于两原告的经济影响并不严重。根据案件事实，即使没有涉案的办公大楼，佩恩中央运输公司也能从火车站的运营中获得合理的收益。此外，根据纽约市的其他法律，原告们还可以修建一座规模较小的办公楼，或者将有价值的开发权转移到其他地块上。其次，地标法也没有干涉佩恩中央运输公司主要的投资——回报期待。因为，该法并没有限制原告对涉案地块的使用。最后，就政府行为的性质而言，《地标保护法》的规制并非是政府对私有财产的实质性侵入，而是为了合理提升公众福利所采取的必要手段。

三、伦奎斯特法官的反对意见

伦奎斯特法官 (Justice Rehnquist) 认为，法庭对佩恩中央运输公司案的关键问题的认定有误。该案的争议的关键在于，因纽约市意欲保护辖区内的"地标"而产生的成本，应当由该市的全体纳税人共同承担，还是应当由相应的私有财产所有者承担。^② 伦奎斯特法官之所以开宗明义地提出该问题，是因为它与判断纽约市政府行为的性质直接相关。根据美国的法例，若纽约市规制行为的成本由全体纳税人承担，则不会构成征收；反之，则构成第五修正案所言的"征收"。基于前述认识，伦奎斯特法官认为，佩恩中央运输公司案应当适用分区规划法 (zoning law)，而非征收法。因为，典型的分区规划法是对某一区域内所有相邻的财产施加限制，而个人财产由此减损的价值会因整体规划产生的效益得到补偿。简言之，分区规划法就是"一种平均的互利" (an average reciprocity of advantage)。^③

但是，通过对案件事实的回顾，伦奎斯特法官最终认为，佩恩中央运输公司案中存在"征收"，因此应当适用联邦宪法第五修正案中的征收条款。他指出，无论从涉案制定法的修辞来看，还是从案件的实际情况来看，纽约市的行为都违

---

① Penn Central Transportation Co.v.New York City,438 U.S.104,124(1978).

② Penn Central Transportation Co.v.New York City,438 U.S.104,139(1978).

③ Penn Central Transportation Co.v.New York City,438 U.S.104,139–140(1978).

反了征收条款的规定。①因此，纽约市的规制行为必须由法院进行细致的司法审查。这就要求联邦最高法院，必须细致明确地解释征收条款中的三个关键词——"财产""征收"与"合理赔偿"。② 首先，鉴于纽约市承认其行政行为摧毁了原告有价值的财产权利，伦奎斯特法官援引美国诉通用汽车公司案 (United States v. General Motors Corp.) 的先例指出，联邦征收条款中的"财产"应当指公民固有的财产权的全部权能，即占有、使用和处分。③ 其次，伦奎斯特法官认定，纽约市对原告相关财产权利的规制构成了征收。同样是依据美国诉通用汽车公司案的先例，伦奎斯特法官认为，征收不仅指实际占有财产，还指对所有权人之权利的剥夺。④ 换言之，征收行为既包括使政府利益增加的实际占有，也包括对原所有权人之权利的剥夺。在后一种情形中，政府的利益可能不存在任何增长。最后，伦奎斯特法官指出，"合理赔偿"是征收条款中意义最为严格和明确的词汇。它要求赔偿必须完全地等同于被征收的财产，并且法院拥有判断该赔偿是否达标的决定权。⑤

总之，伦奎斯特法官的反对意见虽然无法改变佩恩中央运输公司案的判决，但是他对征收条款中关键用词的解释，有助于人们更好的理解多因素比较标准的内涵，及其与征收条款的关系。

第三节　多因素比较标准、福利国家与民权运动

管理性征收规则于 1922 年诞生，并于 1978 年重新得到关注并非是偶然事件。历史地看，不论是诞生，还是复兴，管理性征收都与美国经济发展以及政府中的行政分支强化对经济和社会的规制紧密相关。质言之，管理性征收是现代国家中公权与私权发生冲突后，在宪法框架中彼此妥协、调适的产物。

---

① Penn Central Transportation Co. v. New York City, 438 U.S. 104, 142 (1978).
② Penn Central Transportation Co. v. New York City, 438 U.S. 104, 139–142 (1978).
③ United States v. General Motors Corp., 323 U.S. 373, 377–378 (1945).
④ Penn Central Transportation Co. v. New York City, 438 U.S. 104, 143 (1978).
⑤ Penn Central Transportation Co. v. New York City, 438 U.S. 104, 150 (1978).

一、行政规制：二战后经济增长的新模式

"多因素比较标准"相较于霍姆斯最初提出的管理性征收规则而言，具有更强的可操作性。它的出现不仅使沉寂了 50 多年的管理性征收问题再次回到人们的视野中，还是美国宪法和三支式政府结构发挥平衡公私权之功能的必然结果。

由于制度变迁中存在路径依赖的效应，由罗斯福政府在二战前便着手建立的现代规制性治理模式成功地延续到了二战之后，并有了长足的发展。在二战结束后的头 30 年中，美国经济最深刻的变化就政府规模的扩大及其影响力的增强，这一点在联邦政府层面体现得尤其明显。政府的扩张不仅体现在财政支出上，还体现在其通过法律规制和行政命令对私有部门的控制力上。对此，美国的自由经济学家给予了积极的评价。他们认为，此种模式有利于整个国家，因为其用"现代的混合经济"克服了市场的不稳定性。质言之，新政以来的规制性经济模式把市场的灵活性和政府规制的稳定性结合在了一起，从而形成了二战后美国经济增长的新模式。

历史地看，美国的行政规制是从市场开始，而后逐渐向社会生活的其他领域渗透的。美国政府对企业的规制是一种独特的思想、政策和制度安排的结合。[①]一般来说，美国政府的规制行为并不是一种受欢迎的公共活动，主要是因为公众广泛地对中央政府的权威持怀疑态度。但是，随着现代化的展开，国内外宏观经济和政治形势的一系列变化使得规制成为了必然的趋势。[②]

如上文所述，为了应对大萧条，罗斯福政府上台伊始就着手建立全面的规制体系。这些规制措施都是首创性的。例如，在大多数被认为"对公共利益有影响"的产业中，直接的价格控制和限制竞争的进入壁垒已经被行政规制减少或者消除

---

① 恩格尔曼，高尔曼，等 . 剑桥美国经济史（第三卷）:20 世纪 [M]. 高德步，王珏，等译校 . 北京：中国人民大学出版社，2008 : 702.

② 广义地说，有三种理论方法可以用于解释规制，即公共利益模型、"俘获"(capture) 模型和组织模型。理查德 · H.K. 维特尔 (Richard H.K.Vietor) 则认为，若要解释规制对于市场的影响，必须将其放入市场结构、政治利益和企业行为的变化的框架中分析。详言之，政府对于市场结构的规制，以及规制本身的实质性变化都会对市场产生决定性影响。通过这一市场建构过程，规制有力地影响了企业的行为，并进而产生了经济利益，这种经济利益是由政治领域中类似的竞争改变公共政策而产生的。

了；新的联邦机构被赋予极大的权力，以约束竞争、控制垄断，并可以直接干预管理决策的制定。结果，联邦政府的权力获得了空前的扩展，而州权则相应地缩小了。此外，平等、公平或者发展等社会目标取代了效率和消费者自主等政策目标。在此后的大约30年间，新政创立的规制体系所涉及的市场的增长和发展，占到了国民生产总值的1/4。1938年到1968年间，美国经济进入了以低通胀、低利率和高增长为特征的繁荣时期。这一时期，金融系统的资产增加了4倍，超过40000家金融机构共同提供了各式各样的服务，破产几乎绝迹了。天然管道、航线、电讯都建成了全国一体化的网络，并且比世界上任何一个地方的价格都低，而服务标准却更高。石油和天然气供应非常丰富，价格也很稳定。电力行业同样如此。[1]总之，新政规制体系在二战后的很长一段时间里，可以在多数经济部门中灵活地维持过度竞争和垄断泛滥间的平衡，并使战后形成的产业模式或多或少地保持了稳定。

随着60年代民权运动的开展，美国的规制体系开始超出经济领域，逐渐渗透到社会生活的方方面面，联邦层面的社会政策也因此被重新提及。[2]实际上，进步时代的改革就已经预示了现代的社会规制，当时比较著名的制定法包括1906年的《食品和药物法》、1914年的《联邦贸易委员会法》等。因此，新政立法实质上是对进步时代的这些社会立法的扩大和补充。这些立法主要被用于反对食物和化妆品掺假、欺骗性广告、水土流失和水源浪费等。但是，在20世纪60年代以前，这些规制体系的适用范围都比较狭窄，且强制性较弱。政府的规制机构也很少得到组织化的利益集团有广泛基础的政治支持。[3]

但是上述状况却在1964年至1977年间发生了微妙的变化。实际上，自1962年的《食品和药品修正案》和《空气污染控制法》开始，新生的规制措施都赋予了监管机构处理任何经济领域发生的违法问题的权力。这些新的措施被称

---

① 恩格尔曼，高尔曼，等.剑桥美国经济史（第三卷）:20世纪[M].高德步，王珏，等译校.北京：中国人民大学出版社，2008：713.

② Wright, G. (1999). The Civil Rights Revolution as Economic History. The Journal of Economic History, 59(2), 267–289.

③ 恩格尔曼，高尔曼，等.剑桥美国经济史（第三卷）:20世纪[M].高德步，王珏，等译校.北京：中国人民大学出版社，2008：714.

为"干预"，因为它们涉及每一个行业，而不仅仅是特定的受规制行业。在新的规制模式下，联邦的规制机构对其制定的规则的经济后果不负任何法律责任。而在此之前，类似州际贸易委员会和联邦储备委员会之类的机构，都应当对企业的生存负责。[1]

以 1964 年的《民权法案》为起点，美国制定了大量的"干涉"规范，全面规制社会生活。《民权法案》禁止了工作中的种族歧视，并规定由平等就业委员会负责监督执行。1965 年，《水质法》则要求国家制定标准提高水质量。1966 年，国会又接连通过了三部立法：《公平包装和标签法》《儿童保护法》和《交通安全法》。它们分别要求生产商在罐头和包装袋上增加产品信息；保护儿童免受违宪玩具的伤害；建立国家高速公路安全委员会。1967 年，《农业公平交易法》为农产品贸易制定了一系列强制标准。同年，《危险品法》为防火材料制定了新的标准，相关生产商为了国内市场而不得不接受该法案。1968 年，《信贷法》将放贷者置于借贷人的监督之下，并且要求其详细明确地说明借贷条件。

1968 年尼克松总统上台执政后，不仅继续了前任政府的规制立法活动，还扩大了规制的范围。1970 年，尼克松政府获得国会同意，根据《经济稳定法》实施了一般性的价格和工资规制。同年的《职业健康和安全法》则是最具影响力的立法，它要求国家设立专门负责职业健康和安全的机构，并赋予其强制执行工作安全标准的权力。[2] 这一时期，环境问题也受到了特别的关注。1970 年的《清洁空气法》旨在保护并提高全国的空气质量，并以此促进公共健康和福利，提高人口素质。[3] 1972 年，《水污染控制法》得到修订，以保护并维持国家水资源物理、化学性质和生态的完整性。[4]

---

[1]　休斯，凯恩. 美国经济史 [M]. 邱晓燕，邢露，等译. 北京：北京大学出版社，2011：638.

[2]　*An Act to assure safe and healthful working conditions for working men and women; by authorizing enforcement of the standards developed under the Act; by assisting and encouraging the States in their efforts to assure safe and healthful working conditions; by providing for research, information, education, and training in the field of occupational safety and health; and for other purposes*, 84 Stat. 1590 — 1620 (1970).

[3]　1970 Acts. House Report No. 91–1146 and Conference Report No. 91–1783.

[4]　United States. Congress. House. Committee on Public Works, (1971). Water pollution control legislation--1971 (proposed amendments to existing legislation): an excerpt from the published hearings, Ninety-second Congress, first session. Washington: U.S. Govt. Print. Off.

综上所述，二战后规制的发展不仅引入了大量新的规范，还在细节上与"新政"时期有所不同。因此，这次规制的浪潮并不完全等同于"新政"。无论这些变化对经济的实质影响是什么，其促进作用都是足够明确的。市场由于信息不对称而形成的周期性经济危机，显然已经成为二战后美国立法者建立理想社会的障碍。而继承自"新政"，并在60、70年代全面革新的行政规制就成为了当政者改造社会的有力武器。行政规制体系通过将政府权力置于广泛的改革服务中，不仅提高了社会改革的效率，还切实改善了美国社会的生活水平。

二、强总统模式的延续与福利国家的形成

行政规制在二战后的扩张与变革进一步丰富了联邦政府的功能，但也迫使联邦政府担负起更多的社会责任。这就改变了原初联邦制中对州和联邦政府权力划分的设计，使后者在国民生活中的地位越来越重要。与此相适应，自罗斯福开始的"强总统"模式得到了延续。自1933年就职起，罗斯福任职总统长达12年，是美国历史上在任最久的总统。他在应对"大萧条"引发经济危机和二战造成的战争危机时，发挥了强有力的领导作用。与历史上类似的强势总统不同，新政时代形成的"强总统"模式在规模和影响上都是空前的。与先前更为不同的是，新政所开创的"强总统"模式在罗斯福之后得到了延续。林肯之后的约翰逊，以及威尔逊之后的哈定都未能保持强势，而在罗斯福之后的杜鲁门、艾森豪威尔、肯尼迪、约翰逊、尼克松和里根等各届政府中，总统的影响力却长盛不衰。

1945年罗斯福病逝后，副总统杜鲁门继任总统。最初，杜鲁门能够成为一位强势的总统并不被看好。但是，他当政期间做出的一系列重大决定却出乎所有人的意料。例如，他在二战末期下令使用原子弹结束对日战争，战后又实施著名的马歇尔计划，并发起组建"北约"等。这些行动为美国在战后建立全球霸权，奠定了军事和经济基础。因此，罗斯福开辟的总统领导作用不但没有减弱，反而因杜鲁门的一系列行动而得以强化，并达到了影响世界命运的程度。在1948年获得大选的胜利后，杜鲁门开始着手在国内事务中扩大总统的权力。1950年，他借助《行政改组法》扩大了总统任命联邦机构负责人的权力，变相地把许多立法控制权转移到总统手中。同时，他还以"冷战"为借口继续维持联邦政府高预

算、高开支的经济计划。在改善种族关系方面，杜鲁门延续了罗斯福的政策。例如，他在 1949 年发布总统行政命令，废除了自内战以来美国军队中白人和黑人士兵的种族隔离制度。[1]

在 1952 年的总统大选中，艾森豪威尔战胜杜鲁门登上总统宝座。他虽然不像罗斯福和杜鲁门那样具有强烈的改造社会的雄心壮志，但也并不打算放弃两任总统建立起来的总统强权，更无意推翻罗斯福新政的主要建树。1954 年，艾森豪威尔将《社会保障法》覆盖的人数增加到 700 万，将联邦最低工资标准提高到一小时一美元，并增加了有资格领取联邦失业救济金的人数。在任期内，艾森豪威尔最有影响的联邦立法是 1956 年的《联邦资助高速公路法》。该法批准了 320 亿美元的资金，以在未来 13 年中修建 41000 英里长的高速公路，连接全国各主要城市。[2]

约翰·肯尼迪于 1960 年接替艾森豪威尔入主白宫。在任内，肯尼迪力图进一步提高社会福利和推动平权。1962 年，他促使国会通过了提高联邦最低工资标准和加快修建保障性住房的法案。[3]肯尼迪还曾力图推动国会制定新的联邦民权法，以在全国范围内禁止种族歧视和种族隔离。然而，南方保守议员的抵制和拖延使得《民权法》迟迟无法通过。直到肯尼迪遇刺身亡后，在林登·约翰逊总统的催促和请求下，《民权法》才在 1964 年得以通过，正式成为联邦法律。

林登·约翰逊在肯尼迪遇刺后接任了总统，但却面临着非常困难的局面。一方面，他必须在内政和外交上继续推行肯尼迪的政策，以争取时间建立自己执政的政治基础；另一方面，他还要适时地提出新的国内改革计划和外交政策，从而建立起属于自己的总统政治。为此，约翰逊一面对外宣称会继续肯尼迪的政治追求，并为此积极促进国会通过肯尼迪时期就已经在酝酿的《民权法案》(1964) 和《减

---

[1]　Harry S. Truman, Executive Order 9981. 13 FR 4313 (1962).

[2]　*An Act to amend and supplement the Federal-Aid Road Act approved July 11, 1916, to authorize appropriations for continuing the construction of highways; to amend the Internal Revenue Code of 1954 to provide additional revenue from the taxes on motor fuel, tires, and trucks and buses; and for other purposes, in Statutes at Large,* 40 Stat. 374 — 402 (1956).

[3]　*An Act Making appropriations for sundry independent executive bureaus, boards, commissions, corporations, agencies, and offices, for the fiscal year ending June 30, 1963, and for other purposes, in Statutes at Large,* 76 Stat. 716 — 740 (1962).

税法》，同时又适时地提出了"向贫困宣战"(war on poverty) 的改革计划。根据该计划，他呼吁联邦政府采取行动，解决美国社会中的文盲、失业和公共服务不足的问题。1964 年 8 月，国会通过了《经济机会法》，拨款近 10 亿美元，为贫困家庭的青年提供求学和就业帮助。[1] 而在外交上，约翰逊则继续了自冷战以来的美国外交政策。

在 1964 年 11 月的总统大选中，约翰逊以绝对优势获得连任。胜选之后，他立即扩大了"向贫困宣战"的社会改革计划，将其变成了一项全面的社会改革工程。1965 年 1 月，约翰逊将这项具有第二个罗斯福新政气象的改革工程称为建设"伟大社会"(Great Society) 的改革。[2] 为了顺利实现改革，约翰逊充分运用总统的立法建议权，敦促国会扩大立法范围。在任内，他向国会提出了创纪录的 439 项立法建议，国会通过了其中的 323 项。[3] 在这些法案中，影响最为深远的是 1965 年的三项立法。第一项是《选举权法》，它彻底清除了南方各州阻拦黑人选民参加投票的法律障碍，对改变美国选民队伍的结构有重要影响。[4] 其次是《移民归化法》，它修改了 1924 年法确立的对有色人种移民带有严重歧视的规定。[5] 最后则是《医疗保障法》，它在罗斯福《社会保障法》的基础上，加入对所有 65 周岁以上的公民的医疗保健福利计划。此外，该法还建立了辅助性医疗保障制度和医疗补助计划 (Medicaid)，以扩大保健福利的覆盖范围。[6]

约翰逊的"伟大社会"是联邦政府自重建以来，对美国公民权利提供的最重

① *An Act to mobilize the human and financial resources of the Nation to combat poverty in the United States, in Statutes at Large,* 78 Stat. 508 — 534 (1964).

② Lyndon B. Johnson: Annual Message to the Congress on the State of the Union, January 4, 1965. Online by Gerhard Peters and John T. Woolley, The American Presidency Project. http://www.presidency.ucsb.edu/ws/?pid=26907 (last accessed 2018-3-25).

③ 王希. 原则与妥协：美国宪法的精神与实践 [M]. 北京：北京大学出版社，2014：492.

④ *An Act to enforce the constitutional right to vote, to confer jurisdiction upon the district courts of the United States ... and for other purposes, in Statutes at Large ,*78 Stat. 241-268 (1964).

⑤ *An Act to amend the Immigration and Nationality Act, and for other purposes, in Statutes at Large ,*79 Stat. 911 — 922 (1965).

⑥ *To provide a hospital insurance program for the aged under the Social Security Act with a supplementary medical benefits program and an expanded program of medical assistance, to increase benefits under the Old-Age, Survivors, and Disability Insurance System, to improve the Federal-State public assistance programs, and for other purposes, in Statutes at Large ,*79 Stat. 286 — 423 (1965).

要和最全面的保护。它永久性地扩大了联邦政府在社会福利、社会保障、环保、教育和人文艺术扶植等方面的责任与功能。通过上述法律，联邦政府介入了许多传统上属于州和地方政府管理的领域。约翰逊的"伟大社会"与新政在主导思想上很接近，即充分运用联邦政府在政治和经济领域的权力，在实现充分就业和繁荣的同时，推动美国社会向更公平的方向发展。但与新政不同，"伟大社会"计划是在美国经济繁荣的情况下提出的，其干预不再是零星的和暂时性的。最终，在联邦政府积极主动的干预，甚至是领导之下，美国式的福利国家形成了。

三、民权运动中行政规制的升级

进入20世纪后，随着国民经济的"联邦化"和社会生活矛盾的复杂化与多元化，联邦政府对经济和人民生活的管辖权也逐渐扩大。诚如前文所述，自南北战争起，直至二战后，美国联邦政府借助战争带来的契机，一再扩大联邦权威，拓展行政规制的范围。最终，传统的二元联邦制逐渐解体，联邦政府开始更加频繁地涉足具体的、日常的国民经济生活，以及公民权利的定义和管理。而这一系列变化的最终结果就是兴起于20世纪50、60年代美国黑人的民权运动。

黑人的公民权利一直是美国历史上的关键问题，它更是南北战争爆发的重要原因之一。内战后，美国虽然制定了联邦宪法第十三、第十四和第十五修正案，废除奴隶制并限制州政府对公民自由和权利的侵犯，但是，这些法律规范落地实施的过程却并非一帆风顺。因此，黑人公民以及其他一些被剥夺了平等公民权利的群体一直在为权利而斗争。20世纪初，他们开始组织起来，利用第十四、第十五修正案和联邦司法体制，向联邦政府和最高法院施压，并通过联邦政府，向南方各州的种族隔离、种族歧视制度发起挑战，争取获得和恢复自己的宪法权利。在二战中和随后的冷战时代，由于国内外形势的变化，联邦政府不得不正视国内的种族歧视问题，并在罗斯福、杜鲁门政府时期开始回应黑人的诉求。在民间和政府的合力之下，民权运动在20世纪50、60年代的美国轰轰烈烈地展开了。此外，约翰逊政府实施的"伟大社会"计划对民权运动的发展起到了积极的帮助作用。其中的一系列立法将《权利法案》中的公民权利变成了名副其实的、同时受到联邦和州政府保护的公民的基本权利。

实际上，联邦政府扩大规制范围，提升规制强度是民权运动的产生与发展的重要诱因。这一切的起点就是 20 世纪 30 年代联邦政府在公民权利管理权方面的扩展。首先，1931 年的斯特龙伯格诉加利福尼亚州案 (Stromberg v. California) 真正将言论自由的权利列入联邦政府保护的范围之内。[①] 其次，1932 年的鲍威尔诉阿拉巴马州案 (Powell v. Alabama) 又将宪法第六修正案保护的公民权利纳入第十四修正案的保护之列。[②] 在随后而至的新政时期中，联邦政府开始全面干预美国的经济事务，其对公民基本权利的保护范围也相应地扩大了。根据新政的核心思想，联邦政府和国家必须担负起积极主动保护公民权利的职责，削弱州政府对公民权利的规制。这实际上标志着一种集权式的宪法观念已经在美国建立起来。但是，上述判例只是将一部分《权利法案》明确规定的权利列入了联邦政府的保护范围之内，而《权利法案》中的其他公民基本权利，以及宪法中没有明确、具体规定的权利，联邦政府则鞭长莫及，急需最高法院进行解释。

随着新政的深入发展，联邦政府在国民经济事务中扮演角色的重要性已经不容置疑。在此背景下，最高法院不得不进一步拓展第十四修正案的内容。布兰代斯、卡多佐和斯通三位大法官是推动该活动前进的主力。1937 年的帕尔科诉康涅狄格州案 (Palko v. Connecticut) 则给了他们阐明自己立场的机会。其中，卡多佐法官解释了联邦最高法院应当如何利用第十四修正案管理《权利法案》所规定的权利。他指出，言论自由已经被最高法院视为第十四修正案所保护的权利的一部分；通过联邦政府对州权进行限制，是因为《权利法案》中的某些权利"代表了我们（社会）有秩序的自由的核心"。[③] 卡多佐据此认为，《权利法案》中那些原来用于反对联邦政府侵犯公民自由和权利的规定，"通过宪法第十四修正案，也变成了对州的合法限制"，所以，《权利法案》中对联邦政府的限制也适用于对州政府的限制。[④]《权利法案》中的权利又如何变为第十四修正案的权利？卡多佐指出，前者经历了被后者"吸收的过程" (a process of absorption)；因为，

---

①　Stromberg v. California, 283 U.S. 359 － 376 (1931).

②　Powell v. Alabama, 287 U.S. 45 － 77 (1932).

③　Palko v. Connecticut, 302 U.S. 319, 324 － 325 (1937).

④　Palko v. Connecticut, 302 U.S. 319, 326 (1937).

最高法院相信："如果自由或正义中的任何一方被牺牲，两者都不会存在。"① 简言之，帕尔科案建立了如下原则：联邦最高法院有权运用第十四修正案审查各州管理公民权利的法律，决定哪些权利属于对国家的正义和自由至关重要且必须受到宪法的保护。该原则开辟了一条联邦政府保护公民权利和自由的新途径，为日后民权运动的发展提供了有力的武器。

20 世纪 50、60 年代，民权运动在美国如火如荼地展开了。在这场运动中，集权式的联邦政府自然居于主导地位，但联邦最高法院的态度也极为关键，尤其在沃伦担任首席大法官之后，领导最高法院在消除种族歧视、改善种族关系方面迈出了坚定的步伐。在这些判决中，影响最为深远的是布朗诉教育委员会案（Brown v. Bd. of Ed. of Topeka, Shawnee Cty., Kan.）。布朗案是全国有色人种协进会经过大量精心和周密的工作而准备的一组案件，其目的是为了将反种族隔离教育的斗争推向涉及千家万户的中小学公共教育领域。这组案件一共包括 5 个子案件，分别来自南卡罗来纳、弗吉尼亚、堪萨斯、特拉华等州和哥伦比亚特区，以突出种族隔离教育的普遍性。这些案件都涉及黑人中小学生在就学、学校设施等方面因肤色不同而遭受的不平等待遇。② 在经历了两年时间的审理后，联邦最高法院最终以 9 对 0 票的一致意见做出判决：州立中小学公共教育系统中的种族隔离教育违宪，推翻了 1896 年普莱西案建立的"隔离但平等"的原则。③ 布朗案的判决影响深远。它不仅推翻了"隔离但平等"的原则，还运用了社会科学实证研究的结果和资料。沃伦法官的判词几乎就是一篇政治宣言，大有恢复法律现实主义传统之势。实际上，最高法院在布朗案中采取了司法能动主义的态度，以期通过法院的意见来解决现实的政治难题。该案废除了种族隔离制度，推动了美国社会的进步。

民权运动给联邦政府造成了巨大的压力。许多国会议员考虑到自己的政治前途，也纷纷要求国会采取行动，这直接推动了宪法第二十四和第二十六修正案的产生，它们为美国公民间的政治平等提供了法律保障。但是，随着民权运动的发

---

① Palko v. Connecticut, 302 U.S. 319, 326–327 (1937).

② Brown v. Bd. of Ed. of Topeka, Shawnee Cty., Kan., 347 U.S. 483–496 (1954).

③ Brown v. Bd. of Ed. of Topeka, Shawnee Cty., Kan., 347 U.S. 483, 495 (1954).

展，运动的领导人发现，经济权利的不平等使得争取来的法律权利成为了黑人和其他弱势群体难以享受的奢侈品。因此，1967 年后，民权运动开始转向争取经济权利的平等。然而，这种转向触及了美国社会主流的倡导机会均等的意识形态，联邦政府和白人社会并不热心，并且随着金和罗伯特·肯尼迪的遇刺，民权运动开始进入低潮。直到约翰逊总统提出"伟大社会"计划，上述经济平等的诉求才得到积极的回应。

综上所述，民权运动建立了新的民权概念。宪法第十四修正案的内容得到了极大的充实，"平等法律保护"的原则得到了充分的运用，针对黑人和少数族裔在法律上的歧视被排除了。而民权运动中通过的重要法律自然也扩大了联邦政府的功能，限制了州权，为约翰逊推行"伟大社会"计划开辟了道路。最终，经过民权运动的刺激，美国行政规制强度与广度都得到了提升，并渗透进社会生活的各个方面。

四、民权运动中的法律思想

如上所述，管理性征收通过佩恩中央运输公司案重新回归司法的视野是美国现代规制国家建立与发展的必然结果。但是，自马洪案确立了管理性征收这一征收的新模式直至佩恩中央运输公司案，美国法律界并未对这种全新的征收模式给予过多的关注，甚至使其一直处于蛰伏的状态。在这期间，行政规制却在美国蓬勃地发展，从经济领域逐渐渗透到社会生活的各个方面。究其原因，法律思想的变化造成了社会发展与法律发展的分离。

管理性征收的诞生与霍姆斯法官的法律现实主义思想紧密相关。然而，在马洪案宣判后不到十年的时间里，美国的法律现实主义思想就遭遇了认识论危机，而被法律程序主义取代。在这场危机中，美国的法律家们逐渐认识到，客观的知识来源是不可预的，不论是理性主义还是经验主义都无法弥合人与客观世界之间的裂痕。换言之，对于法律现实主义者而言，经验研究提供了获得基础性知识的唯一途径。然而，伦理价值显然无法从经验证据中发现，也不能依据经验而被证明。因此，价值看起来就是相对的。20 世纪 30 年代，知识分子们发现，很难证明一套价值或文化信条要优于其他的道德价值或文化信条，所有的文化和价值都同样正确或不正确。[①] 到1940年，大多数现实主义者都已经放弃了纯粹经验研究的努力。但是，随着二战和冷战的相继到来，伦理相对主义的上升又迫使知识分子去思考一个令人不安的问题：如果所有的价值都是相对的，那么为什么美国的民主政府要优于极权主义？[②] 为了解答这个问题，美国的知识分子担负起了对民主理论进行正当化的任务。历史地看，美国并不缺乏民主的基因，例如重建时期生效的宪法第十五修正案将投票权扩展至非洲裔美国人，而1920年批准的宪法第十九修正案则将选举权扩展至妇女。至于美国采用的共和制，其本质和其中的民主成分也已经在建国时得到了彻底的辩论。20世纪30年代知识界的行动则以理性化的形式将这些基因整合起来，并在政治和司法中加以表达。[③]

在上述背景下，美国的法律界也开始关注民主，接受了当时广为流行的相对主义民主理论，并把民主理论具象为了具体的法治问题。如尤金·V.罗斯托(Eugene V. Rostow) 所言："《宪法》应该保证政治决定的民主合法性。"[④] 受民主理论影响的法理学家认为，法律现实主义是彻底的虚无主义，因而不能作为法治的基础。而为了获取司法决策的客观基础，法律理论家开始像政治理论家一样集中关注过程。其中，朗·富勒 (Ron Fuller) 对于法律现实主义的批判具有重要的影响。他指出，法律现实主义的错误主要源自其追随者拒斥了法律推理，即质疑了事实与价值之间的必然联系。[⑤] 据此，富勒提出了法律的内在道德理论。他认为，事实与价值之间的联系体现在法律的内在道德中，而内在道德恰恰赋予了法律以合法性。因此，法治的客观基础应当包括8个程序上迫切需要之物，如法律应当清晰，应当被很好地公布，应当适用于未来等。简言之，作为法律的内在道德，程序构

[①] Purcell E. Jr. (1973). The Crisis of Democratic Theory: Scientific Naturalism and the Problem of Value. Lexington: The University Press of Kentucky. 40–41, 69–73.

[②] Purcell E. Jr. (1973). The Crisis of Democratic Theory: Scientific Naturalism and the Problem of Value. Lexington: The University Press of Kentucky. 96, 112–114.

[③] 政治和司法中民主理论的表达主要体现在自罗斯福到约翰逊时期联邦政府的一系列带有平权性质的立法，如1964年的《民权法》和1965年的《选举权法》；在司法领域则体现为联邦最高法院的一系列反种族歧视的判决。

[④] Eugene V. Rostow, The Democratic Character of Judicial Review, 66 Harv. L. Rev. 193, 210 (1952).

[⑤] [美] 斯蒂芬·M. 曼菲尔德著 '从前现代主义到后现代主义的美国法律思想'，李国庆译，中国政法大学出版社2005年版，第221页。

成了法律之存在和力量的"一个基本条件"。① 据此，众多的法律理论家在20世纪50年代聚集在法律程序的大旗下，致力于解释法治，以及如何在美国民主制下使司法决策正当化。1951年，亨利·哈特（Henry M. Hart）就阐述了法律程序的中心主题"制度解决之原则"。他和阿尔伯特·萨克斯（Albert Sacks）认为，"制度解决的原则表达了这样一种判断：作为正当地建立的程序的结果而正当地得出的决定……应当被接受对整个社会都具有拘束力，除非并直到它们被正当地改变了。"② 换言之，在法律程序主义的语境中，社会创造和制定不同的法律制度来解决不同种类的社会问题。实质上，法律程序理论家认为，法院、立法机关和其他政府实体都分别拥有不同的制度角色，而它们的制度角色在很大程度上又是由它们必须遵循的、不同的程序定义的，在不同政府机构中工作的个人因此也就受到各自过程的限制。受到程序主义思想的影响，美国的法院在马洪案之后就转向了司法克制的立场，对管理性征收一直保持缄默。③

虽然法律程序主义者通过超验的推理解释了美国如何得到民主和法治，描述了美国法律体系的结构、条件和程序，并将它们视为产生司法判决所必须的客观基础，但是，随着行政规制的全面发展和民权运动带来的民主化浪潮，美国社会中公权与私权的矛盾日益尖锐。法律程序主义所宣扬的立法、行政和司法机关恪守各自的制度角色的主张也因此破产。美国法律体系再度面临失去客观知识来源的认识论危机。为了应对危机，法律理论家们开始综合利用理性主义、经验主义和超验主义来认识和解释法律，进而形成了越来越复杂的现代主义解决方案。④这一思想特点在布朗诉教育委员会案中体现得尤其明显。

布朗案自开始就在论证方法上表现出了跨学科的特点。如前文所述，布朗案

---

① [美]斯蒂芬·M.曼菲尔德著'从前现代主义到后现代主义的美国法律思想'，李国庆译，中国政法大学出版社2005年版，第221页。

② 曼菲尔德.从前现代主义到后现代主义的美国法律思想[M].李国庆，译.北京：中国政法大学出版社，2005：222.

③ 如前文所述，在这一时期，法院对于国家征收的看法也转向保守。在一系列判决中，法院界定何为"公共使用"时，都采取了尊重立法机关之定义的立场，认为尤其界定此概念不符合法院的制度角色。

④ 曼菲尔德.从前现代主义到后现代主义的美国法律思想[M].李国庆，译.北京：中国政法大学出版社，2005：232.

包括了 5 个精心挑选的案件，以突出种族隔离教育的普遍性和危害性。当这些案件在联邦低等法院和州法院审理时，马歇尔和有色人种协进会的律师大胆使用当时一些社会学家和心理学家对种族隔离和种族歧视后果所做的社会调查。这些调查显示，强制性的种族隔离教育对黑人学生的自尊心造成了极大伤害。在每个案件的审理中，马歇尔和他的同事们都召请心理学家或教育学家出庭作证，从社会科学的角度说明隔离教育给黑人学生造成的难以修复的心理伤害。

沃伦法官最终接受了马歇尔的理论，及其使用的社会学和心理学的调查结果，认为种族隔离教育不仅对黑人学生造成了不可弥补的伤害，还对美国的未来产生了极大的负面影响。沃伦在判决中指出，历史并不能证明种族隔离教育是否合法或合理，"我们必须将公共教育放在其全面发展和其目前在美国生活中的地位的背景下来思考；只有这样，我们才能决定公共教育中的种族隔离制度是否剥夺了法律对原告的平等保护的权利。"[1] 在阐述了教育的重要性之后，沃伦进一步展开了他的理论。他认为，即使教学设施实现了平等，种族隔离教育还是会剥夺少数族裔学生同等的受教育权。仅仅出于种族和肤色的原因就将少数族裔学生与同龄和同资格的学生隔离起来，必然会使他们对自己在社区中的地位产生自卑感 (a feeling of inferiority)，并对他们的心灵和心智 (hearts and minds) 造成不可修复的伤害。据此，沃伦宣布，现代社会科学的研究已经充分说明了这种伤害的存在和严重性，普莱西案判决中任何与现代心理学研究结果相矛盾之处都应当被抛弃。"隔离但平等"的理论不能在公共教育中实施，因为"分离的教育设施本身具有一种内在的不平等"(Separate educational facilities are inherently unequal)。[2]

布朗案的判决表明，法律程序理论对现实世界的描述只是一种幻想，要想获得知识的客观基础就必须进行跨学科的研究。为此，许多理论家在追求客观基础的过程中开始利用哲学的或社会科学的方法。例如，罗纳德·德沃金 (Ronald Dworkin) 把法律程序理论同英国的分析法学传统整合到了一起。通过此举，德沃金试图解释，司法推理的程序是怎样使法官能够以原则为基础正确地判决案件。一些法律理论家则试图把约翰·罗尔斯 (John Rawls) 的政治哲学融入法理学中。

---

[1]　Brown v. Bd. of Ed. of Topeka, Shawnee Cty., Kan., 347 U.S. 483, 492 (1954).

[2]　Brown v. Bd. of Ed. of Topeka, Shawnee Cty., Kan., 347 U.S. 483, 495 (1954).

如弗兰克·米歇尔曼 (Frank Michelman) 在为晚期沃伦法官保证贫困者获得政府协助的判决进行辩护时，就从罗尔斯主义的视角出发论称，各州应当具有保护穷人"免受不平等社会中普遍存在的某些危险的威胁"的责任。而到了 20 世纪 60 年代中期，美国又出现了以经验为导向的法律与社会运动。虽然使用的研究方法越来复杂，但是这一时期处于领导地位的学者并没有对任何总体的法理学进路达成广泛的一致意见。

第四节　现代管理性征收的特别规则：个案正义中的碎片化发展

一、去规制与里根经济学

吉米·卡特于 1976 年当选美国总统后，不但没有在联邦层面采取任何新的措施规制经济活动，反而大张旗鼓地进行去规制活动。在任期间，他积极推动天然气价格、航空公司、卡车、铁路和金融服务业等领域的去规制活动。原因有三：首先，政府深陷越战泥潭致使民众对其幻想破灭；其次，一些有着积极预期的分配福利的自由项目失败了；最后，全国经济下行。前述三个原因共同作用的结果便是生产率增长放缓、通货膨胀率激增和高企的失业率。总之，经济现实最终表明，以行政规制促进经济长期和稳定增长的模式已经难以为继。

虽然卡特政府实施了许多旨在把市场从过度规制中解放出来的改革，但是直到罗纳德·里根 (Ronald Reagan) 上台后，美国联邦政府才真正开始从根本上改变二战以来一直坚持的规制意识形态。在就职演说中，里根强调："政府并不是我们所面对的问题的解决方案；政府本身就是问题。"[1] 由于涉及市场意识形态的根本性变革，里根的经济政策通常被称为"里根经济学"(Reganomics)，而其中

---

[1] Ronald Reagan: Inaugural Address, January 20, 1981. Online by Gerhard Peters and John T. Woolley, The American Presidency Project. See, http://www.presidency.ucsb.edu/ws/?pid=43130 (last accessed 2018-3-25).

最为核心的主张就是减税。里根政府宣称，减税是激励工作和投资所必须的。

里根当局曾试图通过彻底地改变预算的优先顺序来实现减税计划，即增加国防开支的同时削减民用开支。在冷战的氛围中，增加国防开支并不会遇到任何阻力。1980 年至 1983 年，国防开支从 1340 美元增长到 2100 亿美元。但是，在削减民用开支方面，里根政府的计划并未获得国会的全面支持。实际上，即使除去国防开支，同时期的其他预算开支仍然从 4570 亿美元上涨到了 5980 亿美元。总体而言，削减民用开支的计划进展得并不顺利。[①]

1988 年，乔治·H.W. 布什 (George H. W. Bush) 接替里根成为总统。虽然他承诺放缓里根的改革步伐，并且不征收新税。但在就职两年后，布什政府面对激增的财政赤字仍不得不增加税收，总之，自里根起，美国联邦政府一直在努力推行去规制措施，并且取得了一些效果。然而，由于制度的路径依赖效应，强大的制度惯性使去规制的进展并不顺利，白宫和国会之间也常常因此而彼此发难。

二、永久性实际占有规则

伴随着去规制的开始，联邦最高法院也开始尝试在管理性征收领域中调和公权与私权的矛盾。在 80、90 年代，联邦最高法院基于佩恩中央运输公司案的判决，通过新判例创设了一系列管理性征收的特别规则，以增强佩恩案中"多因素比较标准"的可操作性，并调和行政规制中公权和私权之间的矛盾。

在这些特别规则中，最早被创设的是永久性实际占有规则 (permanent physical occupation)，该标准出自洛雷托诉曼哈顿 CATV 电子提词机公司案 (Loretto v. Teleprompter Manhattan CATV Corp.)。联邦最高法院在该案中创设了一项界限清晰的管理性征收规则："无论是否服务于公共利益，政府授权的任何永久性实际占有都构成征收。"[②] 当然，作为"多因素比较标准"的特别条款，洛雷托案的规则仅能适用于实际征收行为。总之，洛雷托案对于理解管理性征收判例规则的发展非常关键。

---

① Walton G., Rockoff H. (2010). History of the American Economy, 11th ed. Mason OH: South-Western, Cengage Learning. 496.

② Loretto v. Teleprompter Manhattan CATV Corp., 458 U.S. 419, 426 (1982).

（一）洛雷托案的案情

洛雷托案涉及在纽约市某幢公寓大楼上安装有线电视设备而引发的纠纷。1970 年，涉案公寓大楼的原所有权人同意当地的有线电视公司在该大楼屋顶安装和维护"中转传输"线路。该线路是有线"高速公路"的组成部分，为大楼所在街区的其他建筑提供中继服务，但却排除了涉案大楼获得服务的权利。洛雷托在购买该幢大楼时并不知道此线路的存在。

根据纽约州 1973 年颁布的制定法之规定：(1) 有线电视公司不经许可就能够在居住性出租建筑上安装电缆和相关设备；(2) 出租人不得妨碍有线电视公司的前述行为。同时，出租人也不得向租客或电视公司索要赔偿；(3) 出租人可以取得由州有线电视委员会依法确定的"合理"价款。在洛雷托案中，州有线电视委员会认定，一次性支付 1 美元是合理的。[①] 此后，有线电视公司在洛雷托的大楼上进行了电缆和相关设备的安装，以便为承租人提供有线电视服务。洛雷托遂向法院起诉，主张州制定法未经合理赔偿就征收了其财产。

（二）洛雷托案的规则

马歇尔法官 (Justice Marshall) 代表多数派撰写了法庭意见。首先，他指出，洛雷托案的关键问题在于：在政府的授权下，一项对私有财产极小但永久的实际占有，是否构成联邦宪法第五修正案和第十四修正案所指的需要合理赔偿的"征收"。[②] 在梳理了案件事实后，马歇尔法官认定，无论本案中的政府行为是否是为了实现重要的公共利益，或者是否只给所有权人带来了极小的经济影响，任何永久地实际占有不动产的行为都属于征收。[③]

马歇尔法官在论证时指出，洛雷托案本可以使用佩恩中央运输公司案的"多因素比较"规则。但是，本案存在一定的特殊性，即政府的规制对私有财产的侵入已经达到了极端的程度——永久性实际占有。因此，在洛雷托案中，"政府行为的性质"是判断是否存在征收的决定性因素。[④] 马歇尔法官认为，有体物的财

---

① Loretto v. Teleprompter Manhattan CATV Corp., 458 U.S. 419, 423 (1982).
② Loretto v. Teleprompter Manhattan CATV Corp., 458 U.S. 419, 421 (1982).
③ Loretto v. Teleprompter Manhattan CATV Corp., 458 U.S. 419, 426 (1982).
④ Loretto v. Teleprompter Manhattan CATV Corp., 458 U.S. 419, 426 (1982).

产权通常被描述为所有者对该物占有、使用和处分的权利。但是，政府永久实际占有有体物实际上是摧毁了它们。在此情形中，政府并非从"财产权利束"(bundle of property rights) 中取走了一项权能，而是削去了整束财产权利，并征收了它的每一项权能。因此，不论是政府本身直接占有财产，还是政府授权第三方占有财产，都没有任何区别。

此外，马歇尔法官还特别强调，永久性实际占有规则的适用范围非常狭窄。他在援引先例后指出，法院应当严格区分以下三种政府行为：(1) 永久性实际占有；(2) 非占有性的实际侵入；(3) 仅限制财产使用的规制。[①] 洛雷托案的标准仅适用于前述第一种情况，因为后两种情况所有者的财产权受到的干预相对较少。换言之，只要所有者的财产不被永久性实际占有，各种规制是否构成征收仍应当根据佩恩中央运输公司案的"多因素比较"规则进行判断。据此，洛雷托案的"永久性实际占有"规则应当只是"多因素比较"规则的特别条款。

（三）"永久性实际占有"规则引起的思考

洛雷托案规则的核心内容并不存在争议。政府剥夺或占有私有不动产的行为构成征收的观念正是征收条款的历史基础。从逻辑上而言，政府直接占有和政府授权的占有不应当存在区别。[②]

但是，联邦最高法院在最终投票时并未就"永久性实际占有"规则达成一致。法官们分歧主要在于，该规则是否应当扩大适用于微不足道的占有行为呢？例如，持反对意见的法官就指出，纽约州的制定法要求出租人必须为承租人提供信箱，也即出租人负有自己花钱购买和安装信箱的强制义务。[③] 然而，若根据洛雷托案的规则，州当局的前述做法就属于永久性实际占有行为，因而构成征收。那么，这种区分的意义何在？以布莱克门法官 (Justice Blackmun) 为代表的诸位法官在反对意见中指出，法院在洛雷托案中提出的"永久性实际占有"规则，把宪法问题简化成了规制是对私有财产的"永久性占有"，还是"临时侵入"的形式主义的诡辩。

---

① Loretto v. Teleprompter Manhattan CATV Corp., 458 U.S. 419, 430 (1982).

② See e.g., United States v. Sioux Nation of Indians 488 U.S. 371 (1980).

③ Sprankling John G. (2013). Understanding Property Law 3rd ed. Danvers, Mass: Matthew Bender & Company, Inc. 855.

首先，布莱克门法官认为，法庭的多数意见是违反先例的。根据法院最近的判例，政府对私有财产的非直接侵入（如分区规划、土地使用限制等）已经成为行政管理的常态。换言之，政府的行政行为对私人权益的损害程度，已经不能完全依赖该行为是否存在"有形的接触"来判断了。因此，洛雷托案的"永久性实际占有"规则是一种过时的方法。此外，根据该规则，只要存在"永久性实际占有"的行为，法院就可以不审查"该行为是否符合重要的公共利益人，或者是否只给所有权人带来极小的经济影响"，而直接判定所有权人可获得合理赔偿。这样既不符合征收条款的先例，也违反"多因素比较"规则，同时还可能鼓励当事人非法获益。

其次，布莱克门法官认为，在"永久性实际占有"规则中，法院并没有说明该占有行为所产生的结果与一般租赁法律关系有何本质区别。[1] 他还认为，纽约市的条例并未非法剥夺所有权人的普通法权利。根据先例，在新的社会条件下，若立法机关为了重要的公共利益而采取立法行动，则该立法机关就可以通过立法修改财产权人的普通法权利，且不必为此支付赔偿。[2]

虽然布莱克门等法官对"永久性实际占有"规则提出了质疑，并给出了相当有说服力的解释，但这种质疑更多的是理论上的，而非现实存在的。人们不太可能针对微不足道的占有行为提起诉讼，因为数额未知的小额赔偿难以弥补诉讼指出的费用。[3] 总之，洛雷托案的"永久性实际占有"规则进一步细化了佩恩中央运输公司案的"多因素比较"规则，使其更具可操作性，对管理性征收的发展有重要影响。

三、丧失所有经济利益或有效用途规则

在后罗斯福时代，美国联邦政府规制的范围逐渐突破了经济领域，最终全面渗透到了整个社会生活中。大量的规制势必造成公权力和私有财产权之间的

---

① Loretto v. Teleprompter Manhattan CATV Corp., 458 U.S. 419, 452–455 (1982).
② Loretto v. Teleprompter Manhattan CATV Corp., 458 U.S. 419, 454 (1982).
③ Sprankling John G. (2013). Understanding Property Law 3rd ed. Danvers, Mass: Matthew Bender & Company, Inc. 855.

尖锐对立。卢卡斯诉南卡罗来纳州海岸区议会案 (Lucas v. South Carolina Coastal Council)① 就是因政府的环境规制而引起的纠纷。

（一）卢卡斯案的案情

本案的原告卢卡斯是一名不动产开发商，他于 1986 年购买了两幅海岸地块，它们位于南卡罗来纳州海岸以外的堰洲岛上，属于居住开发区。根据该州 1977 年的一项制定法，所有权人在开发"海滩和邻接沙滩的区域" (critical area) 前，必须取得许可证。该法还规定，所谓的"海滩和邻接沙滩的区域"是指海滩 300 英尺以内的区域。卢卡斯所购买的地块并不在前述制定法的调整范围之内。

1988 年，南卡罗来纳州通过了更全面的海岸和海滩保护法。新法规定，所有权人不得在海岸延伸地带建设任何建筑物。上述卢卡斯购买的地块因此无法进行任何商业开发，他遂向法院提起诉讼，要求判定南卡罗来纳州的新制定法构成了对其土地的征收。初审法院判定州政府的行为构成管理性征收，但南卡罗来纳州最高法院推翻了该判决，认定该案中涉及的制定法符合玛格勒—哈达切克规则 (Mugler-Hadacheck test)，即保护海岸和海滩的州法属于防止"有害用途"而行使治安权的情形。

根据上述案情，卢卡斯案争议的焦点在于：南卡罗来纳州的制定法显著影响了卢卡斯的土地的经济价值，这是否构成了对私有财产的征收？对此，卢卡斯认为，州制定法使涉案土地价值全无。因此，无论该制定法的目的，以及立法机关为实现目的采取的手段是什么，南卡罗来纳州当局的行为都构成了征收。然而，该州最高法院则认为，涉案制定法并非一般的法律，其目的是为了减轻卢卡斯这类人行使财产权而对公共利益造成的伤害。这实际是州政府在行使治安权，因此不应当认定州政府征收了卢卡斯的财产。此案上诉至联邦最高法院后，法官们创设了一种"明确的"征收规则：规制若消灭了"不动产的所有经济利益或有效用途"，就属于征收，除非该行为符合州财产法或侵扰法的根本原则。② 据此，联邦最高法院终审判定南卡罗来纳州当局的行为构成征收。

---

① Lucas v. South Carolina Coastal Council, 505 U.S. 1003 (1992).
② Lucas v. South Carolina Coastal Council, 505 U.S. 1003, 1005 (1992).

（二）卢卡斯案的规则

斯卡利亚法官 (Justice Scalia) 在其撰写的法庭意见中指出，多年以来，联邦最高法院都倾向于运用佩恩中央运输公司案的"多因素比较"规则审理管理性征收案件。然而，现实中依然存在两种可以不经具体案件事实的调查就能判断征收成立的"情形"：(1) 规制强制财产所有权人忍受政府有形"侵入"其财产的行为。在此情形中，无论侵入程度多么微小，也不论侵入背后的公共利益有多重要，都构成征收。(2) 规制消灭了不动产所有的经济利益或有效用途。

在判决中，斯卡利亚法官还排除了"侵扰或有害用途"规则在卢卡斯案中的适用。他指出，"侵扰或有害用途"规则实际上是一种循环论证，无法有效区分管理性征收和基于公共管理的剥夺。依法理而言，前者需要进行赔偿，而后者因为出自治安权的行使则无需赔偿。而在"侵扰或有害用途"规则中，如何判断某一行为的性质，完全取决于观察者自身。换言之，根据观察者自身的立场，某一行为既可以是"阻止妨害"，也可以是"赋予利益"。总之，"侵扰或有害用途"规则的主观性过强，无法客观中立地评价案件事实。

此外，斯卡利亚法官还为卢卡斯案创制了一项例外规定，即规制对财产权的限制若符合州财产法或侵扰法的根本原则，就不应当构成征收。斯卡利亚法官认为，这些根本原则的存在表明，某些财产权利自始便不属于所有权人。因此，当政府规制这些权利时，即使消灭了财产的全部经济价值和有效用途，也不构成征收。当然，在使用此例外规定时，政府是负有举证责任的，它应当证明在所有权人购买不动产时，被投入某一用途的权利不在应取得的"权利束"中。

（三）对卢卡斯案规则构成要素分析

卢卡斯案的规则实际上由两大要素构成：征收规则和例外情形。首先，就征收规则而言，卢卡斯案规定，不动产丧失"所有经济利益或者有效用途"。此规定相当严苛，它要求规制必须完全消灭所有权人不动产的全部经济利益或有效用途。[①] 卢卡斯案之所以符合此标准，是因为初审法院认定禁止兴建任何建筑物的

---

① 在另一个判例中，美国联邦最高法院明确规定，暂时取消不动产的全部经济价值或有效用途，并不能构成征收。Tahoe-Sierra Preservation Council, Inc. V. Tahoe Regional Planning Agency, 535 U.S. 302 (2002).

规定，致使卢卡斯的两块土地价值全无。但是，市场价值并非唯一的判断标准。卢卡斯案中的征收规则关注的是不动产的使用方式，即该不动产的使用方式能否产生经济效益，或者该方式本身是否有效率。然而，"经济利益或有效用途"的含义却难以确定。[1] 例如，规制虽然对不动产的所有权施加了全面的限制，但所有权人仍然能从中获得一定的收益，即使该收益远低于投资的合理回报。那么，这种情形是否属于具有"经济利益或者有效用途"？答案是否定的。联邦最高法院在帕拉佐洛诉罗德岛州案 (Palazzolo v. Rhode Island) 的判决中已经澄清了前述问题。帕拉佐洛拥有的一块 18 英亩的海岸湿地，并计划在此地实施一项拥有 74 个单元的开发项目。但根据罗德岛州湿地保护法的规定，他拥有的湿地唯一允许的用途是建设一栋住宅，价值总计 315 万美元。受此影响，帕拉佐洛拥有的土地作为宅基地使用的价值从 315 万美元减损至 20 万美元，价值缩水 94%。但是，联邦最高法院最终判定，帕拉佐洛案不应当适用卢卡斯案的规则，因为"允许所有权人在 18 英亩的土地上建造一栋独立的住宅并未使该土地处于'经济上毫无用处的状态'。[2]

当然，联邦最高法院还澄清了一种更为极端的情况，即"规定土地必须实际上处于自然状态"的情形。最高法院认为，这属于剥夺了所有权人土地的所有经济利益或者有效用途的规制法规。

其次，卢卡斯案的例外规定实际上损害了规则的明确性。根据该例外规定，政府必须证明被禁止的用途会违反调整不动产所有权的"州财产法和侵扰法的根本原则"。然而，所谓的"根本原则"意指为何？在州法层面，该例外规则不仅包括侵权法，还涵盖了财产法体系的方方面面。例如，"根本原则"可能是指公共信托规则或者在紧急状态下无偿消灭财产权的权利。在美国，这些"根本原则"在各州都有所不同，因此卢卡斯案的例外规则在各州也会有所差异。

此外，该例外规定仍然存在两点不甚明了之处。第一，应当考虑哪些法律？第二，决定所适用法律的相关日期是何时？通常而言，最高法院参考的是"普通

---

[1] Sprankling John G. (2013). Understanding Property Law 3rd ed. Danvers, Mass: Matthew Bender & Company, Inc. 857.

[2] Palazzolo v. Rhode Island, 535 U.S. 606, 616 (2001).

法”及其原则。换言之，所谓的“州财产法和侵扰法的根本原则”是指判例法所体现的原则，而制定法、行政法规或州宪法的规定并不在法院的参考范围内。因为，现实中的立法机关并不能指定消灭全部经济利益或有效用途的制定法，只有法院才能够依据普通法判断制定法是否造成了前述后果。对于相关日期的确定，最高法院则认为，规制对财产权的限制必须是“业已存在的限制”(pre-existing limitation)，即该限制是在所有权人取得财产权之时或之前就已经存在了。此外，联邦最高法院强调，这种规则并不会“冻结”(freeze) 州法，使之无法适应不断发展变化的现实世界。正如卢卡斯案的多数意见所言：“变化了的情况或者新的情形”是创制新规则的合理依据。①

最后，斯卡利亚法官强调，卢卡斯案的例外规定的适用范围非常狭窄。财产所有权人“应当预见到其财产会随时受到所在州合法行使治安权而采取的各种措施的限制”。② 然而，在所有权人取得不动产后，规制消灭了它的全部经济价值，就会对所有权人产生极其严重的影响。因此，只有在所有权人取得财产时已经规定于法律之中的限制，才是合理正当的。③

四、强制捐献规制

强制捐献 (exaction) 是指，开发商必须向公众提供特定的土地、改善物、金钱或者其他利益，以抵消开发工程的不利影响。④ 强制捐献存在的合理性在于，它可以把地方政府应承担的新开发项目的财政负担转移给私人开发商，进而避免增加税负。但是，开发商通常又会把增加的成本以提高价格的方式转嫁给消费者。强制捐献有时会严重损害私人开发者的财产权，所以在实践中常常引起纠纷。这些纠纷大体可以概括为以下两个问题：第一，若地方政府要求提供的强制捐献与私人开发项目之间几乎没有关系或者根本没有任何关系，应当如何处理？第二，

---

① Lucas v. South Carolina Coastal Council, 505 U.S. 1003, 1031 (1992).

② Lucas v. South Carolina Coastal Council, 505 U.S. 1003, 1027 (1992).

③ Hunziker v. State, 519 N.W.2d 367 (1994).

④ Sprankling John G. (2013). Understanding Property Law 3rd ed. Danvers, Mass: Matthew Bender & Company, Inc. 860.

在诉讼中，适用州法的法院通常要求强制捐献应当与申请审批的项目存在"合理关系"。那么，私人开发者能否以违反宪法中的征收条款为由提起诉讼？

（1）诺兰诉加利福尼亚海岸委员会案："本质联系"（essential nexus）

联邦最高法院在诺兰诉加利福尼亚海岸委员会案（Nollan v. California Coastal Commission）中首次审理了强制捐献的问题，并提出了"本质联系"规则。诺兰一家在加州拥有一块临海土地。该土地的南北两边分别存在两处公共海滩区域。一道高约 8 英尺的混凝土海堤将这两块区域与诺兰家的土地隔开。在诺兰家的土地上，还存在一栋破败的住房。根据加州法律，诺兰家若想拆除旧房，兴建新住宅，就必须先取得加州海岸委员会颁发的许可证。依据申请，海岸委员会批准了诺兰一家的兴建计划，但提出了如下条件：诺兰家必须在其土地上设立一项地役权（easement），允许社会公众经过他家靠近海堤且面向大海的那部分土地。

诺兰一家认为，海岸委员会为颁发许可证而附加的条件违反了联邦宪法中的征收条款，是对其财产的征收。而海岸委员会则认为，诺兰家新建住宅的行为增加了社会公众使用公共海滩的成本。因此，其有权要求诺兰家提供一项地役权，以抵消前述成本。质言之，委员会认为其行为是在行使治安权，而非征收权。

在多数意见中，斯卡利亚法官首先区分了征收与规制。他指出，如果加州政府依职权直接要求诺兰家设立允许社会利用其财产通向公共海滩的地役权，那么该行为无疑属于征收。征收权的主要用途之一就是保证政府在支付赔偿金的前提下，从所有权人处获得财产权利，以满足公共利益的需要。而且根据洛雷托的规则，前述行为已经构成了对私有财产的"永久性实际占有"。因此，诺兰案的关键问题就转变为：以提供地役权作为批准土地利用许可的条件，是否改变了前述结果？

通过援引先例，斯卡利亚法官指出，土地利用法规若能"实质地促进合法州利益"，并且不否认所有权人利用其土地获利的权利，就不构成征收。换言之，在目的（合法州利益）和手段（强制捐献）之间必须存在充分的联系。因此，只有强制捐献与其所满足的合法州利益之间存在"本质联系"，相关规制行为才能实质地促进州利益。随后，斯卡利亚法官对"合法州利益"进行了进一步的分析。他认为，若某项规范是为了以行使治安权来实现某一公共目的而设计的，那么为了实现同一目的的规制同样应当是以行使治安权作为实现目的之手段的。① 简言之，若两项或多项规制之间存在替代关系，则替代者使用的手段与达到的目的应当与被替代者相同。就诺兰案而言，除非附条件的许可与开发限制服务于同一政府目标，否则该许可条件中的限制就构成征收，而非有效的土地使用管理。此处，斯卡利亚法官将"合法州利益"等同于州的合法公共目的。他显然认为，土地利用管理法规是以治安权为基础，服务于特定的公共目的。因此，其替代规则若要避免征收法的审查，就必须服务于同一公共目的，也即所谓的手段与目的间的实质联系。

在诺兰案中，加州海岸委员会提出了三个州利益以支持地役权的设立：保护公众观赏海滩的权利；帮助公众客服使用海滩的"心理障碍"(psychological barrier) 和避免海滩人满为患。然而，根据诺兰案的事实，斯卡利亚法官认为，该地役权与上述三项州利益完全不存在联系。虽然诺兰家的新房子可能会对这些州利益带来不利影响，但地役权的设立并不能防止或缓解这些影响。例如，如果计划建造的房屋会挡住公众已有的从该房子前面的街道眺望海滩的权利，则委员会可以合法地限制住房高度或设立其他条件，以保护眺望的权利。但是，地役权与这种"临街眺望权"之间并没有任何逻辑联系，它只是给已经在海滩上散步和已经享有无障碍眺望海滩权利的人提供了更为方便的通行线路而已。② 因此，诺兰案涉及的法规和规制行为之间并不存在"实质联系"。

（2）多兰诉泰格尔市案："基本比例"(rough proportionality)

在多兰诉泰格尔市案 (Dolan v. City of Tigard) 中，联邦最高法院回答了诺兰案中一个未解决的问题："强制捐献……与计划开发项目所造成的影响之间应当存在何种程度联系？"③

原告多兰在俄勒冈州拥有一家管道电力设备商店，他计划将该商店的面积扩大至原来的两倍，并建设一个拥有 39 个车位的停车场。此外，多兰还计划在其拥有的土地上增设一座零售大楼，并提供更多的车位。泰格尔市批准了多兰的申

---

① Nollan v. California Coastal Commission, 483 U.S. 825, 836–837 (1987).

② Blue Jeans Equities West v. City & County of San Francisco, 4 Cal. Rptr. 2d 114 (Ct. App. 1992).

③ Dolan v. City of Tigard, 512 U.S. 374, 377 (1994).

请,但附加的两个条件要求多兰"捐献"10%的土地给该市。其理由有二：首先，该项目增加了不能渗水的地面的数量，会使暴雨时流入附近河流的水量增加。因此，多兰必须捐献位于河流洪泛区内的部分土地。其次，为了缓解扩建计划可能造成的交通拥堵，多兰还必须捐献一部分土地用作人行道和自行车道。

为此，多兰向土地利用申诉委员会 (Land Use Board of Appeal) 提出申诉，但该委员会维持了泰格尔市的决定。多兰随后向法院提起诉讼，主张泰格尔市迫使其捐献土地的决定构成了未经合理赔偿的征收。他认为，泰格尔市的捐献与其提出的开发计划之间不存在任何联系。而泰格尔市则认为，强制捐献是为了抵消多兰开发计划的不利影响，因而存在实质联系。最终，俄勒冈州上诉法院和最高法院都没有支持多兰的主张。

该案被移送至联邦最高法院后，法院根据上述事实认定泰格尔市的强制捐献行为构成了违反宪法的征收。因为，该州的强制捐献与多兰项目的影响之间不存在必要的联系。在多数意见中，伦奎斯特法官 (Justice Rehnquist) 通过援引诺兰案的规则指出，法庭首先必须确定"合法的州利益"与泰格尔市所要求的强制捐献之间是否存在"实质联系"；若存在实质联系，则法庭还必须确定强制捐献与该项目之间影响所必须的联系的程度。伦奎斯特法官在判决中认定，防洪和减轻交通拥堵都是合法的公共利益。因此，限制开发，以及提供人行道和自行车道与上述两项目之间存在联系。

在此基础上，伦奎斯特法官进一步分析了联系的程度。他认为，联邦宪法第五修正案要求必须存在"基本比例"，即"该市应当具体列举所要求的每项强制捐献与计划开发项目的性质和程度均存在联系。"[1] 根据此标准，伦奎斯特法官认为，泰格尔市并没有说明为何防洪的利益必须由一条公共绿道满足。同理，也没有证据表明，人行道和自行车道与该项目将增加的交通量存在充足的联系。移送至最高法院的案卷材料只能反映该人行道和自行车道"可以"冲抵所增加的交通流量的部分影响，而不是"将"冲抵这种交通流量的影响。[2]

---

[1] Dolan v. City of Tigard, 512 U.S. 374, 391 (1994).

[2] Sprankling John G. (2013). Understanding Property Law 3rd ed. Danvers, Mass: Matthew Bender & Company, Inc. 863.

（3）诺兰—多兰案的影响

诺兰案和多兰案都涉及如下情形：地方政府强制所有权人将土地利益转让给公众，以换取利用土地的许可。为了不违反联邦宪法中征收条款的规定，强制捐献应当符合以下两个标准：

(1) 强制捐献与其服务的合法州利益之间必须存在"本质联系"；

(2) 强制捐献与开发项目所造成的影响的性质和程度应当符合"基本比例"原则。

但是，上述标准能否适用于政府向所有权人收取不利影响费用或其他非占有形式的强制捐献？在诺兰案和多兰案中，联邦最高法院都强调诺兰－多兰规则只适用于不动产权益的转让行为。因为，转让行为完全消灭了所有权人的排他权利，即"通常称为财产权的权利束中最根本的一根木棒"。[①]在 1999 年的一项判决中，联邦最高法院再次强调了前述问题："我们并没有把多兰案的基本比例规则扩大适用于强制捐献——批准土地利用的决定以捐献财产给公众使用为条件——这种特殊情形之外。"[②] 多数州法院和下级联邦法院都强调这种区别，并拒绝将诺兰－多兰案的规则扩展适用于非占有性的强制捐献。

但是，埃里奇诉卡尔弗市案 (Erlich v. City of Culver City) 是一个值得注意的例外。在该案中，加利福尼亚州最高法院将诺兰－多兰案的规则适用于金钱性强制捐献。某私营网球俱乐部的所有者计划拆除现有的俱乐部建筑，在原址兴建居住性区分所有权建筑。卡尔弗市批准了该项目，但附加的条件是所有权人支付 28 万美元缓解费 (mitigation fees)，以补偿娱乐设施灭失造成的损失。审理埃里奇案的法庭认为，诺兰－多兰规则不仅可以适用于不动产转让的强制捐献，还可以适用于金钱性强制捐献。因为，该规则的目的就是为了防止政府非法地给个别所有权人施加不公平的负担。埃里奇案中的 28 万美元显然属于前述情形：该费用与提供娱乐设施之间存在"本质联系"，但不符合"基本比例"原则。因此，卡尔弗市的金钱性强制捐献构成了征收。

综上所述，管理性征收是因应美国建立福利国家过程中行政权不断扩张而产

---

① Dolan v. City of Tigard, 512 U.S. 374, 393 (1994).

② City of Monterey v. Del Monte Dunes, 526 U.S. 687, 702 (1999).

生的。它区别于国家征收之处主要在以下两个方面：首先，主体不同，管理性征收的主体是美国政府中的行政分支；其次，行为性质不同，管理性征收行为的本质是行政规制，而非征收条款所言的"征收"。因此，管理性征收是一种完全不同于国家征收的全新的征收模式。

历史地看，管理性征收规则的产生、沉寂和复兴都与美国的国家建设有着密切的联系。这既表明管理性征收法是公共政策的产物，还表明它更能满足新生社会关系的需要。但这并不意味着整个管理性征收法是"杂乱无章"的。整体而言，管理性征收法律制度，是由一项价值追求为目标，以一项基本原则、一个一般规则和若干个特殊规则构成的法律体系。详言之，管理性征收法自诞生之日起就有明确的价值目标：约束行政机关权力，保护公民财产权，尽量平衡个人与集体之间的利益。为此，霍姆斯法官创设了管理性征收法律制度的基本原则——"价值减损规则"。在此基础上，身处民权时代的布伦南法官等人进一步发展出了一般规则—"多因素比较标准"。但是，随着现代社会朝关系更复杂、价值更多元的方向发展，联邦最高法院不得不在一般规则的框架中发展出若干特殊规则。总之，当代美国的管理性征收法已经形成了比较完善的体系，但受现代化的影响，该体系目前正在个案正义中碎片化地发展。因此，管理性征收法律制度的"杂乱无章"并不体现在过去，而是寓于未来之中。

第五章　司法征收：扩张的司法权与日益模糊的财产权

2010 年，美国联邦最高法院在停止重建海滩组织诉佛罗里达州环保部案中首次阐述了"司法征收"规则。所谓司法征收是指，法院在司法过程中依职权改变了既有的财产法规则，从而使相关财产权利于法无据，财产所有人最终丧失对财产的占有和使用。此概念在判案法官中间引发了激烈的争论。通过对本案判决的分析，笔者认为司法征收是客观存在的法律现象。它在性质上与公用征收相异，在结构上与管理性征收相同。作为一项新生规则，司法征收仍有待完善之处。其一是在现代征收法体系中对其进行准确定位，其二是还需要进一步对其进行定量分析，以强化该规则的可操作性。

第一节　司法征收的肇启

一、停止重建海滩案的基本事实

（一）相关法律规定

该案缘起于佛罗里达州德坦－沃尔顿郡 (Destin and Walton County) 政府的一项环境保护行政行为。根据该州的《海滩与海岸保护法》(Beach and Shore Preservation Act) 的规定，地方政府可以依法在受到侵蚀的海岸处填放沙土，以保持水土。当该项目实施时，拥有海床产权的政府实体可以设置"侵蚀控制线"(erosion control line) 以取代潮汐平均高水位线 (fluctuating mean high-water line)。后者是普通法中私人海滨财产和州财产的分界线。根据该制定法，一旦"侵蚀控制线"被确定，普通法即被停止适用。[1]

在佛罗里达州，海滨地产权的归属通常依据普通法确定。州政府永久拥有淹没于通航水域下的土地和与之相连的海滩。根据普通法规定，该公有土地与私人海滩或滨海地产以平均高水位线 (mean high-water line) 为界。同时，滨海地产权人对前述州所有的地产拥有多项地役权，其中最重要的是获得滨海土地因自然添附 (accretion) 而新生土地的所有权。根据佛罗里达州的普通法，自然添附是指土地逐渐地、不可感知地自然增长。与之相对的概念是土地陡变 (avulsion)，即因河流突然改道而引起的土地增减。在自然添附条件下，滨海地产所有人自然地获得新生土地的所有权；而在土地陡变条件下，新生土地的所有权则属于州政府。[2]

（二）案件事实

本案被告是德坦和沃尔顿郡。它获得许可恢复一段长达 6.9 英里的被飓风侵蚀的海滩。此举将使平均高水位线向海中移动 75 英尺。原告则是由海滩所有权人组成的非营利性组织 (Florida Department of Environmental Protection)。在原告申请行政复议失败后，被告的计划便正式获得了佛罗里达环境保护部 (Florida Department of Environmental Protection) 的许可。[3] 于是，原告便向法院提起了诉讼。

州上诉法院认为，州环保部的行政命令消灭了原告的临岸权 (littoral rights) : (1) 获得其财产自然添附的权利; (2) 使其滨海地产与大海相接，以保持财产完整的权利。[4] 最终，该上诉法院判定，被告非法征收了原告的财产。佛罗里达州最高法院则判定不存在征收。因为，原告对新增的海岸土地不拥有所有权。政府的造地项目类似于因土地陡变而出现的水退地，并且获得自然添附土地的权利是一项未来的不确定利益，而不是既有的财产权利。[5] 故被告的行为不构成征收。原告认为，州最高院的判决实际上构成了对其财产的征收，遂以州法院违反联邦宪法第五和

---

[1] Stop the Beach Renourishment v. Fla. Dep't of Envtl. Prot., 130 S. Ct. 2592, 2594 (2010).

[2] Stop the Beach Renourishment v. Fla. Dep't of Envtl. Prot., 130 S. Ct. 2592, 2594 (2010).

[3] Stop the Beach Renourishment v. Fla. Dep't of Envtl. Prot., 130 S. Ct. 2592, 2595 (2010).

[4] Stop the Beach Renourishment v. Fla. Dep't of Envtl. Prot., 130 S. Ct. 2592, 2595 (2010).

[5] Stop the Beach Renourishment v. Fla. Dep't of Envtl. Prot., 130 S. Ct. 2592, 2600 (2010).

第十四修正案为由,向联邦最高法院申请再审。联邦最高院最终驳回了再审申请,并维持了佛罗里达州最高法院的判决。[1]

二、斯卡利亚法官的多数意见

在代表法庭撰写的多数意见中,斯卡利亚法官[获得首席大法官罗伯茨(Chief Justice Roberts)和大法官托马斯(Justice Thomas)、阿利托(Justice Alito)的支持]明确地表达了他对司法征收及其规则的支持。首先,斯卡利亚法官认定法院可以行使征收权,故存在司法征收这种行为。他强调,"征收条款并不是针对某个或若干个政府部门之行为而设置的。它仅仅规范行为,而不规范行动者。"[2] 换言之,就宪法条文而言,政府征收权的存在和适用范围,与该权力由哪个政府部门行使这一事实无涉。[3] 因此,司法机关行使征收权时,不应当受到区别于立法机关和行政机关的特殊对待,否则就会与先例和事实不符。[4]

其次,斯卡利亚法官认为,法院的裁决若改变了财产法中的"既有规则",就构成司法征收。所谓司法征收,实质就是法院运用司法权消灭了既有的财产权利。这主要表现为法院通过判决改变了既有的财产法规则,并使得相关的财产权利于法无据。[5] 司法征收作为征收的一种,应当受到征收条款的约束。根据征收条款,政府基于征收权(eminent domain)的财产充公行为必然属于征收。而政府基于公共管理职能,对私有财产的规制,若是对该财产的实际长期占有,或者使该财产丧失了所有的经济利益,也构成征收。据此,斯卡利亚法官认为,消灭既有财产权利的司法裁决必然构成征收。因为其性质和程度都与州的物理性侵入,或消灭财产价值的规制相当。[6] 此外,斯卡利亚法官拒绝承认经济赔偿是针对司法征收的唯一救济方式。他认为,法院应当允许财产所有权人通过上诉,以推翻

---

[1]　Stop the Beach Renourishment v. Fla. Dep't of Envtl. Prot., 130 S. Ct. 2592, 2595 (2010).

[2]　Stop the Beach Renourishment v. Fla. Dep't of Envtl. Prot., 130 S. Ct. 2592, 2601 (2010).

[3]　Stop the Beach Renourishment v. Fla. Dep't of Envtl. Prot., 130 S. Ct. 2592, 2601 (2010).

[4]　Webb's Fabulous Pharmacies, Inc. v. Beckwith, 449 U.S. 155, 165 (1980).

[5]　Stop the Beach Renourishment v. Fla. Dep't of Envtl. Prot., 130 S. Ct. 2592, 2607 (2010).

[6]　Stop the Beach Renourishment v. Fla. Dep't of Envtl. Prot., 130 S. Ct. 2592, 2602 (2010).

违宪的司法征收。^①

三、肯尼迪法官的反对意见

肯尼迪法官［获得索托马约尔法官（Justice Sotomayor）的支持］则针锋相对地提出了他对司法征收的反对。他认为，法庭没有必要在本案中决定司法裁决是否以及何时造成了违宪的征收。在其撰写的同意意见中，肯尼迪法官主张法院并非行使征收权的适格主体，而所谓的"司法征收"问题，可以依据正当程序条款加以解决。

肯尼迪法官反对司法征收的首要理由是，政府中的政治性机关才是行使征收权的适格主体，因此法院并不具有征收权能。^② 在美国的政治传统中，财产是公民保有自由的前提和基础。征收条款的设置正是为了保护私有财产免受非法征收的影响。同时，征收条款还表明私有财产应当受到限制。政府有权以"公共使用"(public use) 为由，在支付"合理赔偿"(just compensation) 后征收私有财产。在现实政治中，立法与行政分支有义务确保政府岁入，并且应当对履行该义务而行使的实质性权利进行自我监督。因此，立法机关和行政机关的政治职能决定其有责任履行"征收"的义务。^③ 总之，就功能而言，征收权是政府通过征收履行财政义务的基础；就性质而言，征收权是一项政治权力，应当由政治机关——立法机关和行政机关——行使，而不是法院。^④

此外，就其历史而言，征收条款是否应当适用于司法裁决是存疑的。根据征收权的性质，制宪者的原始意图只是将征收条款应用于由立法机关决定的、政府对私有财产的物理性占有。显然，立法者当初并不认为法院决定物理性占有的权力。虽然法院通过司法裁决将征收条款的使用范围扩展至行政规制，但是它仍应当谨慎考虑将其再扩展至司法裁决是否合适。

作为对征收条款的替代，肯尼迪法官主张，法院改变既有财产权规则的行为

---

① Stop the Beach Renourishment v. Fla. Dep't of Envtl. Prot., 130 S. Ct. 2592, 2607 (2010).
② Stop the Beach Renourishment v. Fla. Dep't of Envtl. Prot., 130 S. Ct. 2592, 2614 (2010).
③ Stop the Beach Renourishment v. Fla. Dep't of Envtl. Prot., 130 S. Ct. 2592, 2613 (2010).
④ Stop the Beach Renourishment v. Fla. Dep't of Envtl. Prot., 130 S. Ct. 2592, 2614 (2010).

应当被置于正当程序条款的框架中分析。① 正当程序条款是对法院行使司法权的核心限制。并且，法院一直都承认对财产权的规制可能因违反正当程序条款而无效。因此，正当程序条款必然能限制法院消灭或改变既存财产权的权力。② 换言之，肯尼迪法官虽然承认法院改良财产法规则的权利，但是认为这种改良必须以正当程序条款为尺度。

四、斯卡利亚法官对肯尼迪法官的反驳

斯卡利亚法官从多个角度反驳了肯尼迪法官的意见。虽然肯尼迪法官主张正当程序条款能够有效防止法院滥用权力，而无需再引入征收条款作为限制，但是，斯卡利亚法官认为，肯尼迪法官并没有区分实质性正当程序和程序性正当程序，因而对正当程序条款存在根本性的误解。首先，斯卡利亚法官强调实质性正当程序并不能恰当地代替征收条款而限制司法征收。宪法修正案各条款的效力位阶应当遵循特别法优于一般法的原则：若某一修正案以明确的文字为权利提供了宪法保护，那么该修正案就将优先于实质性正当程序适用于相关案件。实证性正当程序只是对公民权利的一般性保护。③ 因此，在司法征收的情境中，法院应当优先适用征收条款。其次，法院通常认为，实质性正当程序保护的"自由"并不包括经济自由。④ 再次，即使将实质性正当程序适用于本案，仍然面临如下问题，即实质性正当程序可能无法完全替代征收条款而发挥作用，或者即使其能够完全替代征收条款，也会面临肯尼迪法官对征收条款的责难，⑤ 即若遵循了实质性正当程序，法院是否能够消灭既有的财产权利？若答案是肯定的，那么无疑就是承认法院能够行使征收权。最后，斯卡利亚法官还认为，法院难以真正查明正当程序之限制的实质内容，因为正当程序"从来没有准确含义"。⑥

此外，布雷耶法官 (Justice Breyer) 和金斯伯格法官 (Justice Ginsburg) 则拒绝

---

① Stop the Beach Renourishment v. Fla. Dep't of Envtl. Prot., 130 S. Ct. 2592, 2614 (2010).

② Stop the Beach Renourishment v. Fla. Dep't of Envtl. Prot., 130 S. Ct. 2592, 2614 (2010).

③ Albright v. Oliver, 510 U.S. 266, 273 (1994).

④ Stop the Beach Renourishment v. Fla. Dep't of Envtl. Prot., 130 S. Ct. 2592, 2606 (2010).

⑤ Stop the Beach Renourishment v. Fla. Dep't of Envtl. Prot., 130 S. Ct. 2592, 2606 (2010).

⑥ Stop the Beach Renourishment v. Fla. Dep't of Envtl. Prot., 130 S. Ct. 2592, 2608 (2010).

在他们的同意意见中发表对司法征收的评论。布雷耶法官认为，法庭在本案中探讨司法征收问题，实质是在缺乏对潜在程序或实质法律规则成熟思考的条件下，以联邦法律干涉本应由州法解决的纠纷。[1] 另外，他还强调，斯卡利亚法官提出的司法征收概念可能使联邦法官成为塑造重大州利益——州财产法——的主要角色。[2] 总之，布雷耶法官虽然没有参与争论，但是对司法征收抱有高度怀疑的态度。

第二节　司法征收的属性辨析

一、司法征收与国家征收的异质性

从上述法庭意见的争论看来，斯卡利亚法官和肯尼迪法官争论的焦点在于：法院是否应当以征收条款为依据，审查改变既有财产法规则的司法裁决？该问题可以被拆分为两个具有递进关系的问题：(1) 法院是否具备行使征收权 (eminent domain) 的权能？ (2) 司法裁决对既有财产法规则的改变达到何种程度才构成征收？前者的答案决定司法征收是否存在；后者则是在前者获得肯定答案的基础上，决定司法征收属性。因此，联邦最高法院对司法征收概念的争论，实质是对法院在美国政治制度中之职能的争论。

根据斯卡利亚法官撰写的多数意见，法院具备行使征收权的权能，理由有二：第一，当代征收除了传统的公用征收外，还包括了管理性征收。因此，所谓征收是指政府改变财产所有权归属的行为，[3] 以及政府严格限制财产所有权的行为，[4] 即一切将既有私有财产变为公共财产的政府行为。"停止重建海滩案"案中的司法裁决显然符合前述定义。第二，在美国的政治与法律传统中，征收权是政府的固有权力。征收条款的设置并不是为了确认征收权的存在，而是防止其被政府滥

---

[1]　Stop the Beach Renourishment v. Fla. Dep't of Envtl. Prot., 130 S. Ct. 2592, 2618–2619 (2010).

[2]　Stop the Beach Renourishment v. Fla. Dep't of Envtl. Prot., 130 S. Ct. 2592, 2619 (2010).

[3]　Pumpelly v. Green Bay Co., 13 Wall. 166, 177–178 (1872); United States v. Causby, 328 U.S. 256, 261–262 (1946).

[4]　Loretto v. Teleprompter Manhattan CATV Corp., 458 U.S. 419, 425–426 (1982); Lucas v. South Carolina Coastal Council, 505 U.S. 1003, 1019 (1992).

用。换言之，征收条款规范哪个政府机关的行为，就表明哪个机关可以行使征收权。正是基于上述两点，斯卡利亚法官提出，在征收法领域，法院具有与政治性机关同样的权力。这既是斯卡利亚法官思考的终点，又是司法征收规则的逻辑起点。由于法院在征收法领域具有和政治性机关的同质性，所以它可以行使征收权，并且应当受到征收条款的规范。

但是，斯卡利亚法官上述赋予法院征收权的论证，并不符合美国征收法的早期历史，而将征收条款用于规范法院改变既有财产法规则的行为，更是超出了立法者的原意。美国联邦宪法第五修正案规定："没有正当法律程序不得剥夺任何人的生命、自由和财产；未经公平赔偿，不得将私人财产充作公用。"① 该条文既是对征收权的理性化描述，又是对征收权的合理限制。

首先，就征收条款的文本和结构而言，其不应当被用于审查司法行为。根据征收条款的规定，政府对征收权的行使是附条件的，即征收必须是为了公共使用，并且被征收者应当获得合理赔偿。这两项条件意味着政府行使征收权的实质是在行使立法权。因此，征收条款对政治性机关的意义远大于司法机关。

"公共使用"条款区分了财产的两种用途，即私人使用和公共使用，并要求政府应当以公共使用的方式支配被征收的财产。这意味着征收行为的背后实际是公共利益和私人利益之间的博弈。"当公众需要获取私有财产时，公民个人不得以违背其意愿而拒绝让与其财产。"② 因此，立法机关作为民意的代表和表达机关，行政机关作为各类公共事务的常设管理机关，它们强烈的政治性决定了其典型职能就是确定并平衡前述两种相互竞争的利益，并在必要时做出取舍。"议会的职能就是决定哪种类型的征收符合公共使用的要求。行政机关也有权在议会授权的范围内决定何种行为构成公用征收。"③ 此外，在近些年的判例中，联邦法院和州法院都以司法克制的态度支持了议会和行政机关对"公共使用"的判断。例如，联邦最高法院在凯洛诉新伦敦市案 (Kelo v. City of New London) 就确认，"新伦敦市依据城市经济促进计划行使征收权的行为，符合宪法的'公共使用'要

---

① U.S.C.A. Const. Amend. V.

② United States ex rel. Tennessee Valley Authority v. Welch, 327 U.S. 546, 554 (1946).

③ United States ex rel. Tennessee Valley Authority v. Welch, 327 U.S. 546, 551–552 (1946).

求。"① 而法院对"公共使用"的界定应当保持司法克制，尊重立法机关的判断，这是法院长期坚持的政策。② 在稍早的波兰城居民委员会诉底特律市案 (Pole Town Neighborhood Council v. City of Detroit) 中，密歇根州最高法院就认定，只有立法机关，以及获得其授权的行政机关或者公共性企业，才能确定特定的政府行为是否符合"公共使用"的要求。③ 在佩恩中央运输公司诉纽约市案 (Penn Cent. Transp. Co. v. City of New York) 中，法院遵循了行政机关对公共使用的定义。行政机关的公共管理行为若符合以下情形就构成征收条款所指的"征收"，即行政机关因为促进公益的公共项目而限制私有财产权。④

"合理赔偿"要件并非为了禁止政府征收私有财产，而是为政府行使征收权附加了条件。因此，正如肯尼迪法官在本案中所言，若将征收条款应用于司法权，就相当于默认了法院有基于合理赔偿而征收私有财产的权力。但是，给予合理赔偿的权力，依其属性，应当归于政治性机关。因为，只有立法机关可以征税。承认司法征收的存在，实质上就是承认司法权对立法权的僭越。⑤ 简言之，法院有权判令立法机关对其自身发起的或者获得其授权机构发起的征收进行赔偿，但是无权要求立法机关针对法院发起的征收进行赔偿。⑥

其次，就征收条款的原旨而言，立法者并没有将其适用于司法机关的意图。在制定"权利法案"时，麦迪逊执意将征收条款写入其中，目的就是防止议会和行政机关滥用征收权。在独立战争期间，各州为了以较低的成本获取必要的战争资源，开始肆意运用征收权获取私有财产。在战争过程中，所有的州都颁布了"褫夺公权法案"(Bills of Attainder)，以资助战事。⑦ 褫夺公权法案的泛滥严重地破坏了北美的财产制度，迫使当时的立法者制定法律限制政府行使征收权。麦迪逊拟定的征收条款就是对这些地方性立法活动的继承和发展。因此，立法者的原始意

---

① Kelo v. City of New London, 545 U.S. 469, 477 (2005).

② Kelo v. City of New London, 545 U.S. 469, 480 (2005).

③ Pole Town Neighborhood Council v. City of Detroit, 410 Mich. 616, 632 (1981).

④ Penn Cent. Transp. Co. v. City of New York, 438 U.S. 104, 124 (1978).

⑤ *Judicial Takings,* 124 Harv. L. Rev. 299, 307 (2010).

⑥ *Judicial Takings,* 124 Harv. L. Rev. 299, 308 (2010).

⑦ Duane L. Ostler, Bills of Attainder and the Formation of the American Takings Clause at the Founding of the Republic, 32 Campbell L. Rev. 227, 228(2010).

图就是规范国会和联邦政府的征收行为。

征收条款，尤其是其中公共使用的要求，主要通过防止政治程序的败坏来阻止征收权的滥用。[①] 根据该条款对征收权的理性化表达，征收必须具有公共性。这要求做出征收决定的主体必须遵循一定的公共议事程序，以确保被征收财产的受让人和使用方式都符合公共性的要求。例如，在殖民地时期以及共和国早期，议会通过立法赋予作坊征收权，使其能够征收临水土地以建立堤坝，主要因为作坊在当时被普遍地认为是具有公共属性的企业。[②] 此后，当作坊的私有属性日益突出时，立法机关和法院便明确地否定了作坊法案赋予作坊的征收权。佛蒙特州法院在 1871 年的 Tyler 案中，则否决了作坊主的征收请求，并指出作坊主所谓的征收行为实际是纯粹私人之间的财产转让。[③]

如上所述，征收条款的原旨和文本都表明，其规范的对象是更能够体现公众意志的政治性机关，即议会和行政机关。因为，就积极层面而言，政治性机关因其组织形式和运行方式，能够积极主动地介入和处理公共利益与私人利益之间的冲突；就消极层面而言，政治性机关也可能构成对私人利益的过度干涉。征收条款正是应上述两方面的需求而诞生的，并且不应当被用于规范法院改变财产法规则的行为，因为，法院的职责、组织形式和运行方式迥异于政治性机关。

第一，法院无权介入国家财政政策的制定。肯尼迪法官的基本主张是，法院并不拥有征收条款所定义的征收权。因此，司法裁决不可能构成征收。该主张有一个基本的前提：征收权的行使与给付合理赔偿的政府责任相伴而生。因此，征收权的行使必然涉及财政政策的制定，即政府是否、何时、以何价格征收私有财产。由于政治性机关直接对纳税人负责，所以制定财政政策的任务通常由它们承担。在了解到其筹划的公共项目涉及行使征收权后，政府机构通常会放弃该项目，并将财政资金用于其他项目。以管理性征收为例，若规制对私有财产的影响足以

---

①　William Michael Treanor, The Original Understanding of the Takings Clause and the Political Process, 95 Colum. L. Rev. 782, 836–837 (1995).

②　霍维茨. 美国法的变迁：1780–1860[M]. 谢鸿飞，译. 北京：中国政法大学出版社，2004：77~78.

③　Tyler v. Beacher, 44 Vt. 648, 649, 652, 653 (1871).

构成征收，那么立法机关或行政机构可以终止规制以规避相应的财政责任。① 而法院则无法如议会或行政机关一般，随意撤销其改变普通法规则的裁决，以达成规避财政负担的结果。

第二，法院不是民意表达机关。相反，它的职责在于以中立者的身份实现正义。在美国的政治框架中，议会和行政机关肩负民意的表达和执行之职，法院则专事控制民意，防止"多数人的暴政"。征收条款为法院审查议会和行政机关的征收行为提供了明确的标准。司法征收的概念若真的成立，则会颠覆法院的职能，并最终破坏现有的政治秩序。

第三，法院对财产法规则的改变具有一般性和普适性的特点。政治性机关实施征收行为时，可能会挑选特定的个人或一小部分人，以承担实现公共利益的繁重义务。② 法院则与此不同。虽然判决只是针对特定案件的当事人，但是它们所承载的、由法院创制的普通法规则却具有一般性和普适性。这些规则不会歧视性地适用于特定的个人或一小部分人，而是一体适用于境况类似的财产所有权人。

第四，联邦法院和州法院管辖权的不同，决定了不应当将联邦宪法中征收条款用于规范州法院的改变普通法规则的行为。若强行适用，就会对美国法院系统所遵循的"合作性的司法联邦主义"构成损害。③ 至今，联邦最高法院已经确立了一系列规则，确保州法院在解释和适用联邦法律时与其保持一致。此外，这些规则还保证，州法院在解决与州法律相关的纠纷时拥有绝对的权威，且不受联邦法院干涉。联邦最高法院一方面指出，"州法院应当承担支持联邦法的宪法义务"，并且相信"它们有能力这么做"，④ 一方面又强调，"州最高法院无疑是州法律的最终解释者"，"（其）解释州法律的权威应当受到联邦法院的尊重"。⑤ 因此，州法院依据州法律解决财产纠纷的裁决，不应当受到联邦征收条款的约束。否则，联邦法院和州法院之间的礼让传统就可能被破坏。

第五，州法院的组织结构和人员构成决定了其不应当受到征收条款的约束。

---

① First English Evangelical Lutheran Church of Glendale v. County of Los Angeles, 482 U.S. 304, 321 (1987).

② Armstrong v. United States, 364 U.S. 40, 49 (1960).

③ Lehman Bros. v. Schein, 416 U.S. 386, 391 (1974).

④ Allen v. McCury, 449 U.S. 90, 105 (1980).

⑤ Riley v. Kennedy, 128 S. Ct. 1970, 1985 (2008).

美国的地方政治性机关组织结构繁复且庞杂。除了 50 个州的政府和其中大量的委员会、独立行政机构外，还包括三千多个郡、城市和都会区。[①] 这些地方政治性机关日常公共管理行为都可能构成征收。原因有二：首先，这些庞杂的机关的行为缺乏来自州政府的直接监督；其次，这些机关的雇员缺乏必要的专业知识，以减少非法征收的发生。与此形成鲜明对比，州法院系统以等级制的形式组织起来，所有的下级法院受到高级法院上诉审管辖权的监督。此外，法官们通常具备丰富的法律专业知识和实务经验。所以，相较于政治性机关，州法院系统即使没有征收条款的约束，也可以有效地使其司法裁决不损害联邦宪法所追求的价值。

总之，不论是征收条款的文本和原旨，还是法院在美国政治体制中的职能都表明，司法裁决对财产法规则的改变并不构成传统的公用征收。征收条款的设置既是对政治性机关实施征收的规范与限制，又为因公共议事程序之败坏而受损的财产权利提供了救济手段。而法院的制度框架则有效地避免了政治性机关的上述两点缺陷。因此，斯卡利亚法官通过强调法院和议会、行政机关的同质性，而将司法征收归入公用征收意图并不正确。

二、司法征收与管理性征收的同构性

虽然斯卡利亚法官提出的司法征收并非传统的公用征收，但是某些司法裁决对既有财产法规则之改变的影响确实与公用征收相当。在这个意义上，法院的司法活动确实可能构成征收。因此，若要正确认识司法征收的性质，必须摒弃斯卡利亚法官和肯尼迪法官关于法院性质和职能的争论，而以更为现代的财产概念和征收法规则作为切入点。

斯卡利亚法官认为，法院的裁决若改变了财产法中的"既有规则"，就构成司法征收。但是，普通法总是随着历史的发展而不断地演变。这种演变通常由法院通过对个案的审理和裁判而实现。就财产法而言，法院对既有财产规则的改变，有时是扩大财产所有者的权利，如限制邻居提起侵扰诉讼的权利；[②] 有时则是增

---

① John D. Echeverria, *Stop the Bach Renourishment: Why the Judicial is Different*, 35 Vt. L. Rev. 475, 484–492 (2010).

② Pa. Coal Co. v. Sanderson, 6 A. 453, 464–465 (1886).

加私有财产的社会义务，如赋予公众穿行私有土地的权利。[①]因此，斯卡利亚法官提出的司法征收，实质是法院裁决对"财产权"的改变达到了与公用征收相同的程度，并且不论该改变是有利于财产所有者还是有利于公众。这就要求法院在处理相关纠纷时，必须首先确定"财产"内涵与外延，然后再以此为据判断司法裁决改变财产权的程度。

在美国现代征收法体系中，管理性征收 (regulatory takings) 与斯卡利亚法官提出的司法征收具有较多的相似性。管理性征收是指，行政机关的公共管理行为因对所有权人之权利的限制达到一定程度，而转化为必须给予合理赔偿的征收。[②]与传统的公用征收相比，管理性征收最显著的特征是，行政机关并没有实际占有所有权人的财产。公用征收征对象通常是有体物，包括动产和不动产。当征收发生后，政府或者其他公共机构将直接占有被征收的财产。而管理性征收则面临的问题则与此不同。由于并不存在对私有财产的实际占有，行政机关的公共管理行为何时构成对私有财产的征收，必须依据另外的客观依据，即权利束中的权利是否被拿走得足够多。[③]财产的"权利束"(bundle of rights) 理论有效地扩展了征收条款的适用范围。此外，随着管理性征收理论的发展，法院愈发不关注发起征收的主体是议会还是行政机关。[④]

管理性征收的规则诞生于宾夕法尼亚煤炭公司诉马洪案 (Pennsylvania Coal Co. v. Mahon)。宾夕法尼亚州政府通过《科勒法案》(Kohler Act) 禁止了煤炭公司进行任何可能导致地面住宅塌陷的采煤活动。[⑤]该行政规制虽然是州政府合法地运用治安权 (police power) 保护煤矿区居民的生命和财产安全，但是却造成了煤矿经济价值减损的结果。[⑥]在该案中，宾夕法尼亚煤炭公司通过购买的方式获得地下矿藏权的唯一目的就是开采煤炭以供销售。而宾州政府的法令却禁止煤

---

①　State ex rel. Thornton v. Hay, 462 P.2d 671, 676 (1969).

②　Sprankling John G. (2013). Understanding Property Law 3rd ed. Danvers, Mass: Matthew Bender & Company, Inc. 840.

③　Lucas v. S.C. Coastal Council, 505 U.S. 1003, 1015–1017 (1992).

④　Ilya Somin, Stop the Beach Renourishment and the Problem of Judicial Takings, 6 Duke J. Const. L. & Pub. Pol'y 91, 96 (2011).

⑤　Pennsylvania Coal Co. v. Mahon, 260 U.S. 393, 412–413 (1922).

⑥　Pennsylvania Coal Co. v. Mahon, 260 U.S. 393, 414 (1922).

炭公司开采其拥有矿藏的特定部分，并导致该部分经济价值全部丧失。虽然宾州政府在此过程中并未实际地侵入并占有煤炭公司所有的、可支撑地表的煤柱(coal pillar)，但是其行为已经构成了与征收相同的效果。因为，宾州政府的规制行为实质上完全消灭了煤炭公司对其财产的使用权。据此，霍姆斯法官(Justice Holmes)在其撰写的多数意见中指出："财产权可以受到某种程度的规制。但如果管得过多，该公共管理行为就应当被认定为征收。"①

虽然霍姆斯法官的理论非常具有创新性，可操作性却存在不足。于是联邦最高法院在之后的案件中具体化了霍姆斯法官过于抽象的标准。在卢卡斯诉南卡罗来纳州海岸区议会案(Lucas v. South Carolina Coastal Council)中，联邦最高法院围绕财产的使用权进一步发展了管理性征收规则。南卡罗来纳州于1988年通过了一项行政法规，禁止相关所有权人在海岸延伸地带建设任何建筑。② 该州的初审法院判定此项法规永久地减损了所有权人之不动产的价值而构成征收。③ 但是，南卡罗来纳州最高法院撤销了该判决。在随后的审理中，联邦最高法院判定，南卡罗来纳州政府对海岸财产的规制与直接征收相当，遂撤销州最高院的判决，而维持了初审法院的决定。④ 此外，斯卡利亚法官还创制了一项例外规定：若公共管理性法律符合州财产法或侵扰法的基本原则，即使消灭了财产的所有经济利益或有效用途，也不构成征收。⑤ 这项例外规则具有重要的意义，它表明财产所有权人没有任何道德和法律上的权利，以妨害他人的方式使用其财产。

除了关注财产权利束中的使用权，联邦最高法院还从排他权的角度发展了管理性征收规则。在洛利托诉曼哈顿CATV电子提词机公司案(Loretto v. Teleprompter Manhattan CATV Corp.)中，纽约州有线电视委员会运用规制手段强行在私人住宅的屋顶上安装有线电视线缆及相关设备。⑥ 联邦最高法院最终判定，"不论是否服务于公共利益，政府授权的任何长期实际占有(permanent physical

① Pennsylvania Coal Co. v. Mahon, 260 U.S. 393, 415 (1922).
② S. C. Code Ann. § 48－39－280(A)(2) (1988).
③ Lucas v. South Carolina Coastal Council, 505 U.S. 1003, 1009 (1992).
④ Lucas v. South Carolina Coastal Council, 505 U.S. 1003, 1017–1019 (1992).
⑤ Lucas v. South Carolina Coastal Council, 505 U.S. 1003, 1209 (1992).
⑥ Loretto v. Teleprompter Manhattan CATV Corp., 458 U.S. 419, 423–424 (1982).

occupation) 行为都构成征收"。① 马歇尔法官 (Justice Marshall) 在法庭意见中指出，所有权人对有形物的财产权通常被描述为对该物的占有、使用和处分的权利。② 政府或政府授权的主体长期实际占有有形物实际上摧毁了前述权利。在此情形中，"政府并非从财产权利'束'中取走了一'根'财产权，而是削去整束财产权利，并征收了其中的每一根权利"。③ 自此，剥夺了财产所有权人排他权的规制行为开始被认定为征收。

由于所有权内涵和行政规制行为的多样性，上述两条规则无法应对所有可能构成征收的规制行为。法院因此而创设了更具普适性的多因素平衡标准 (multi-factor balancing test)。在佩恩中央运输公司诉纽约市案 (Penn Central Transportation Co. v. New York) 中，纽约市的一项分区规划条例将佩恩公司所有的中央大火车站认定为历史性地标，并限制了所有权人在此地产上增设建筑的权利。④ 根据普通法规则，中央大火车站的所有者有权在该地产上建设一栋高层办公楼，但纽约市的分区规划条例禁止了该建设。这实质上消灭了佩恩运输公司基于地产而拥有的上达天空之部分的财产权。联邦最高法院在判决中认为，纽约市的分区规划条例并没有消灭佩恩公司所属之财产的全部经济价值，因为，衡量价值减损的多少应当以该处地产的整体价值为基准，而不仅仅是地产之上的空间。⑤ 法院据此提出了多因素平衡标准，以作为判断规制行为对财产权现状之改变的依据：(1) 公共管理行为对权利人的经济影响；(2) 公共管理行为干涉显著投资回报期待的程度；(3) 政府行为的性质。⑥ 因此，对于规制行为是否构成征收的分析通常分为两个步骤：首先应当分析规制行为是否剥夺了财产所有权人的占有权（洛利托案）或者使用权（卢卡斯案）；其次，若不符合上述标准，则要进一步判断规制行为是否干涉了所有权人对财产的可期待利益。

总之，在管理性征收的领域中，法院更偏好从客观角度定义财产权，也更加

---

① Loretto v. Teleprompter Manhattan CATV Corp., 458 U.S. 419, 426 (1982).

② Loretto v. Teleprompter Manhattan CATV Corp., 458 U.S. 419, 435 (1982).

③ Loretto v. Teleprompter Manhattan CATV Corp., 458 U.S. 419, 435 (1982).

④ Penn Central Transportation Co. v. New York, 438 U.S. 104, 107–118 (1978).

⑤ Penn Central Transportation Co. v. New York, 438 U.S. 104, 130–131 (1978).

⑥ Penn Central Transportation Co. v. New York, 438 U.S. 104, 124 (1978).

不在意行使征收权之主体适格性的问题。管理性征收体系就是以财产权的本质特征为核心展开的，而所谓的财产中的可期待利益则居于次要地位。在解决规制行为引发的财产纠纷时，法院通过明确地定义宪法所保护的财产权利的实质内容，而将征收条款引入其中，从而创造并发展了管理性征收的规则体系。在该体系中，征收条款所保护的财产权就是指占有和使用。[①] 因此，任何对这两种权利之现状进行改变的规制行为都构成征收。由于斯卡利亚法官的司法征收理论和管理性征收的前述同构性，以财产权的实质内容为核心构建司法征收规则体系，不仅能够澄清斯卡利亚法官所述标准中的含糊之处，更能避免陷入对征收主体之适格性的争论。

肯尼迪法官的意见基于对法院区别于政治性机关的特殊地位而提出，从而否定了司法征收的存在。他认为，法院的行为应当由正当程序条款审查，而非征收条款。如果司法裁决消灭了一项既存的财产权，法院应当将其认定为违反正当程序而剥夺了当事人的财产权。[②] 如上文所述，司法征收是一种客观存在的特殊司法行为。它与一般司法行为最本质的区别就是消灭了构成财产权之核心的占有和使用。因此，肯尼迪法官的意见只是部分地正确，因为他并没有通过明确定义财产权的实质内容，而区分改变财产法规则司法行为的性质。所以该反对意见存在的问题仍然是回避了对财产权的定义。

斯卡利亚法官在反驳肯尼迪法官的意见时，就已经指出后者并没有明确区别实质性正当程序和程序性正当程序。他认为肯尼迪法官所指的正当程序应当是指实质性正当程序。[③] 因此，肯尼迪法官意图在正当程序条款的框架内界定财产权。在正当程序条款中，财产权有两层含义。其一，财产权是指制定法创制的经济上的可期待利益；其二，财产权是指一项客观存在永恒不变的自然权利，它集中地体现为占有和使用。

在州立学院董事会诉罗斯案 (Board of Regents of State Colleges v. Roth) 案中，联

---

① United States v. General Motors Corp., 323 U.S. 373, 378 (1945).

② Stop the Beach Renourishment v. Fla. Dep't of Envtl. Prot., 130 S. Ct. 2592, 2614 (2010).

③ Stop the Beach Renourishment v. Fla. Dep't of Envtl. Prot., 130 S. Ct. 2592, 2605–2606 (2010).

邦最高法院认定财产利益并非宪法创造，而是由非宪法的渊源如州法律所创造。①
在该案的判决中，联邦最高法院拒绝承认财产权拥有客观的定义。② 法院指出，
个人只有具备了具体的需求、渴望，或者单方的期待，才会试图从财产中获取利
益。而这一切都以法律赋予他的权利为前提。③ 这表明，罗斯案的法庭主张财产
权应当由制定法定义，而拒绝承认财产权中存在固有的实质性内容，即占有和使
用。④ 此后的克利夫兰教育委员会诉劳德米尔案 (Cleveland Board of Education v.
Loudermill) 中，怀特法官 (Justice White) 质疑了罗斯案中财产权的定义标准，并
认为法院不应当以制定法为唯一依据定义财产权。⑤ 但是，审理该案的法庭同样
拒绝承认财产权拥有固有的实质性内容，只是转而认为财产权是立法机关认定的
经济性的可期待利益。该法庭还进一步指出，一旦立法机关通过制定法创设了经
济性的可期待利益，法庭就应当将其认定为客观且不可变更的真实存在。⑥

此后的判例改变了上述从实证主义角度定义财产权的状况。自此，联邦最高
法院开始承认，正当程序条款中所指的财产权具有固有的实质性内容。首先是菲
利普斯诉华盛顿法律基金会案 (Philips v. Washington Legal Foundation)。根据德克
萨斯州的法律，律师收到委托人的钱款后必须将其存入特定账户，以便所生利息
可以被用于向穷人提供法律服务。⑦ 该案的主要纠纷在于，德州政府将指定账户
所生利息用于慈善事业的行为，是否构成对相关委托人或律师之财产的征收。该
问题可以抽象地表述为，"X之财产的孳息由Y享有。该孳息是否还是X的财产。"⑧
联邦最高法院最终判定特定账户中的孳息应当归委托人所有。

虽然根据悠久的普通法规则，上述判决绝无错误，但是，德州最高法院

---

① Board of Regents of State Colleges v. Roth, 408 U.S. 564, 577 (1972).

② Board of Regents of State Colleges v. Roth, 408 U.S. 564, 566–567 (1972).

③ Board of Regents of State Colleges v. Roth, 408 U.S. 564, 577 (1972).

④ Thomas W. Merrill, The Landscape of Constitutional Property, 86 Va. L. Rev. 885, 922 (2000).

⑤ Cleveland Board of Education v. Loudermill, 470 U.S. 532, 541 (1985).

⑥ Steven C. Begakis, Stop the Beach: Solving the Judicial Takings Problem by Objectively Defining Property, 91 Notre Dame L. Rev. 1197, 1208 (2016).

⑦ Philips v. Washington Legal Foundation, 524 U.S. 156 (1998).

⑧ Thomas W. Merrill, The Landscape of Constitutional Property, 86 Va. L. Rev. 885, 896 (2000).

1984 年的判决却认为委托人不应当获得孳息的所有权。① 联邦最高法院的上述判决显然是为了解决自然权利与制定法之间的冲突，并纠正先例中的错误。伦奎斯特法官 (Justice Rehnquist) 在法庭意见中指出："虽然本案中涉及的孳息对于其所有者而言不具备任何经济性的可期待利益，但是占有、控制和处置却是财产权中固有的宝贵权利。"② 这表明，联邦最高法院承认，财产权具备固有的实质性内容，并可以以此为标准分析相关行为是否构成征收。正如 Begakis 教授所强调的，菲利普斯案中，法院将占有权认定为财产权的固有内容，而否认了先例中将颇具主观性的经济价值等同于财产权的做法。③

在学院储蓄银行诉佛罗里达有偿高等教育经费委员会案 (College Savings Bank v. Florida Prepaid Postsecondary Education Expense Board) 中，学院储蓄银行销售了一款用于资助大学教育的定期存款产品，而佛罗里达有偿高等教育经费委员会作为州政府的一个实体组织，也发行了一项类似的金融产品。④ 学院储蓄银行认为，该委员会在销售其产品时进行了误导性宣传，遂向法院提起诉讼。学院储蓄银行主张，佛州有偿高等教育经费委员会侵犯了其受《兰哈姆法案》保护的专利权。因为，根据先例，州政府基于主权的司法豁免权应当终止于联邦宪法第十四修正案所管辖之事项。⑤ 因此，法院在该案中面临的实体问题是，针对州政府之虚假宣传的索赔是否属于财产。审理该案的各级法院在确定原告主张的财产利益损失究竟是何性质时犹豫不决。有的认为原告所称财产是公司的良好商誉，有的认为应当是未来收益的损失，还有的认为是由《兰哈姆法案》认定的财产利益。⑥

联邦最高法院最终从财产权固有属性的角度对正当程序条款中的"财产"进行了定义。斯卡利亚法官在法庭意见中写道，"受保护的财产权的特点就是排他

---

① Thomas W. Merrill, The Landscape of Constitutional Property, 86 Va. L. Rev. 885, 897–898 (2000).

② Philips v. Washington Legal Foundation, 524 U.S. 170 (1998).

③ Steven C. Begakis, Stop the Beach: Solving the Judicial Takings Problem by Objectively Defining Property, 91 Notre Dame L. Rev. 1197, 1209–1210 (2016).

④ College Savings Bank v. Florida Prepaid Postsecondary Educ. Expense Bd., 527 U.S. 666, 670–671 (1999).

⑤ College Savings Bank v. Florida Prepaid Postsecondary Educ. Expense Bd., 527 U.S. 666, 669–670 (1999); also see, Fitzpatrick v. Bitzer, 427 U.S. 445, 456 (1976).

⑥ Steven C. Begakis, Stop the Beach: Solving the Judicial Takings Problem by Objectively Defining Property, 91 Notre Dame L. Rev. 1197, 1211 (2016).

权。该权利是'权利束中必不可少的一项权利,也是财产权的固有属性'。"① 据此,斯卡利亚法官进一步驳斥了学院储蓄银行的主张。他指出,未来的可期待利益并不属于财产权,因为该利益无法被排他性地占有。② 由于经济性可期待利益概念上的主观性和模糊性,联邦最高法院转而寻求更为客观和具体的财产利益以定义财产权。学院储蓄银行案表明,联邦最高法院通过强调人对财产的占有和使用,而将排他性作为最重要、最具体的财产利益。在一定意义上,排他权是整个财产权的前提与核心。正如梅里尔教授所强调的,整个财产法都是以"占有"的概念为前提发展起来的。③

综上所述,司法征收在美国是一个客观存在的征收形式。所谓司法征收是指:法院在司法过程中依职权改变了既有的财产法规则,从而使相关财产权利于法无据,财产所有人最终丧失对财产的占有和使用。就性质而言,司法征收是一种纯粹现代征收形式。在美国的征收法体系中,公用征收直接源自征收条款之规定,因而是古典征收的唯一表现形式。之后,随着现代化展开,公用征收最终成为了同时具备古典性和现代性的征收形式。而司法征收的概念与征收条款的规定并不吻合,因此异质于公用征收。但是,进入现代时期,联邦最高法院通过司法审判,构建了管理性征收制度,并由此形成了第一个纯粹的现代征收形式。如上文所述,除去实施机关的不同,管理性征收和司法征收具有高度的同构性。正是在这个意义上,司法征收的概念才能成立。

此外,司法征收乃至管理性征收的存在和发展还依赖于"财产"之内涵的确定性。如上所述,美国法院对财产权内涵的认定经历了"确定—模糊—确定"的过程。囿于时代,公用征收的对象只是有体物,而不直接作用于抽象的财产权。与此相反,管理性征收和司法征收都是直接作用于抽象的财产权,而后才影响到具体的有体物。历史地看,在法院拒绝承认财产权之内涵具有客观的实质内容的时代,司法征收是不可能存在的,因为无法判断司法裁决究竟改变了哪个或哪些

---

① College Savings Bank v. Florida Prepaid Postsecondary Educ. Expense Bd., 527 U.S. 666, 673 (1999).

② College Savings Bank v. Florida Prepaid Postsecondary Educ. Expense Bd., 527 U.S. 666, 675 (1999).

③ Thomas W. Merrill, The Landscape of Constitutional Property, 86 Va. L. Rev. 885, 911 (2000).

"既有规则"。但是，从 20 世纪末期的判例来看，联邦最高法院运用"权利束"理论，重新确认了财产权中最核心的内容——占有权和使用权。这意味着，司法裁决只要改变了既有的规则中关于占有或使用的规定，就可能构成了征收。因为，在法律上消灭了占有权或使用权，实际上就是消灭了财产权。这对所有权人而言已经与公用征收的结果无异。

最后，司法征收虽然是客观存在的征收形式，并且斯卡利亚法官也清楚地表述了司法征收的概念和认定标准，但是，仍然存在两个有待解决的问题：第一，司法征收在美国现代征收法体系中究竟处在什么位置？它应当与管理性征收并行，还是应当作为管理性征收的下位概念？第二，若司法裁决改变的既有规则只是涉及了财产"权利束"中除占有权和使用权以外的权利，是否也构成征收？

第三节　司法征收产生的原因与解决方案

一、"新财产权"概念的出现与日益模糊的财产权

"新财产权"概念的出现实际上是美国 70 年代"正当程序革命"(the due process revolution) 的必然结果。法律的正当程序 (Due Process of Law)，也即正当程序条款，规定于美国联邦宪法第五修正案和第十四修正案中，并通过后者适用于各州。以适用的对象为标准，正当程序可以被分为实体性正当程序 (substantive due process) 和程序性正当程序 (procedural due process)。其中，实体性正当程序指，政府若要剥夺公民的生命、自由或财产，就必须以充分的理由证明该行为是必要且正当的。这种要求源自罗诉韦德案 (Roe v. Wade) 形成的先例。自此，美国联邦最高法院将实体性正当程序经常性地适用于对立法的合宪性审查。[①] 程序性正当程序则是指，政府权力的行使应当受到最基本的程序性限制。换言之，政府权力的行使必须符合某种最低限度的公平，即应当"专注于政府政策执行的方法和程

[①]　See, Richard H. Fallon, Jr., Some Confusions About Due Process, Judicial Review, and Constitutional Remedies, 93 Colum. L. Rev. 309, 312 (1993).

序,保证政府施加管制或惩罚的过程的公正性".① 本部分所涉及到的正当法律程序, 指程序性正当程序。

由于宪法条款的抽象性,正当程序条款在适用前必须澄清两个基本问题:什么是正当程序? 正当程序的适用范围又是什么? 第一个问题已经由上文澄清,第二个问题则殊难界定,因为正当程序条款中所谓"生命、自由和财产"的概念总是随着时代的发展而不断变化的。也正因为如此,正当程序革命才会出现。在革命的过程中,美国联邦最高法院通过一系列判例永久性地扩大了"自由"和"财产"的范围,从而使正当程序条款的适用范围得到了极大的扩展。在这场革命以前,正当程序条款只能适用于政府剥夺某公民"权利"的案件。其中,法院通常将"权利"定义为因公民个人劳动所获得的财产,如金钱、住宅或法律执业资格证等,以及权利法案所承认的自由。这种定义是以美国法律传统中"权利 (right)/特权 (privilege)"的二元划分为基础的。根据该方法,只有法律中规定的权利和自由,才受到正当程序条款的保护,而特权则被排除在外。

然而,1970 年的戈德博格诉克里案 (Goldberg v. Kerry) 却颠覆了上述传统,并因此成为美国学术界普遍认可的正当程序革命的标志。在该案中,纽约市的公共援助受益人诉称,该市未经正当程序就剥夺了他们获得援助金的权利。联邦最高法院终审判定,纽约市的立法虽然赋予受益人在对终止决定有异议时,请求行政机关举行正式听证的权利,但该规定并未达到宪法中正当程序条款的标准,即"事前的正式听证"。② 在该案的判决意见中,法庭用"法定的特定权益 (statutory entitlement)"一词代替了传统的"权利"/"特权"划分,从而把公共援助金纳入了正当程序条款的调整范围。此后,联邦最高法院又通过了一系列判决,进一步阐释了福利国家中"财产"和"自由"的全新含义。在财产方面,州立学院董事会诉罗斯案 (Board of Regents of State Colleges) 和佩里诉辛德曼案 (Perry v. Sindermann) 使政府公职成为受保护的"新财产权";在自由方面,威斯康星州诉康斯坦丁案 (Wisconsin v. Constantineau) 将政府对个人名誉的否定性评价视为对自

---

① 伦斯特洛姆,编.美国法律辞典 [M]. 贺卫方,樊翠华,刘茂林,等译.北京:中国政法大学出版社,1998:15.

② Goldberg v. Kerry, 397 U.S. 254, 261 (1970).

由的侵犯，沃尔夫诉麦克唐奈尔案 (Wolff v. McDonnell) 则将正当程序条款的保护渗透到囚犯监狱生活的各个方面。

在正当程序条款大规模扩张的同时，反对的声音和努力也从未停歇。1974 年，联邦最高法院对于阿内特诉肯尼迪案 (Arnett v. Kennedy) 的判决，几乎成功地否定了戈德伯格案以来法院的扩张解释。与罗斯案类似，阿内特案涉及政府依行政程序解雇其雇员的行为。该案争论的焦点在于，政府剥夺由制定法赋予的权利时，是否只需要遵循同一法律规定的程序。[①] 在法庭意见中，伦奎斯特法官 (Justice Rehnquist) 提出了所谓的 "苦与甜" (bitter with the sweet) 理论，以解决诉讼两造的争议。该理论认为，受益人在享受制定法赋予的利益时，必须忍受其规定的剥夺权利的条件和程序。因为，立法机关在设立法定的特殊权益时拥有完全的自由裁量权，不仅可以设定利益，也可以确定其范围，甚至还可以设定取消的条件和程序，而法院则不能在该制定法之外给政府设定新的程序。[②] 在 1985 年的克里夫兰教育委员会诉劳德密尔案 (Cleveland Board of Education v. Londermill) 中，伦奎斯特法官再度援引 "苦与甜" 理论，却遭受惨败。在该案的法庭意见中，联邦最高法院否定了阿内特案中程序性权利与实体性权利不可分离的观点。[③]

1990 年以后，法律实务中的一些新动向引发了理论界对正当程序革命的不同预测。1995 年的杉丁诉康纳案 (Sandin v. Conner) 限制了囚犯受正当程序保护的自由权的范围；1996 年的《个人责任和工作机会和解法》(Personal Responsibility and Work Opportunity Reconciliation Act) 则改革了原有的福利制度。这些变化似乎意味着，法律实务界开始全面清算正当程序革命及其影响。然而，理论界却不急于加入清算的队伍，反而质疑所谓的 "正当程序革命" 是否真的存在。

1996 年，小理查德·皮尔斯 (Richard J. Pierce, Jr.) 在论文中分析了正当程序革命产生的原因、发展过程，并预测了正当程序理论可能的发展方向。首先，皮尔斯主张，查尔斯·莱克 (Charles A. Reich) 是正当程序革命在智识上的始作俑者。[④] 接着，他着重分析了莱克的 "新财产权" (the new property) 理论。莱克在其论文中认为，

---

① Arnett v. Kennedy, 416 U.S. 134, 147–148 (1974).

② Arnett v. Kennedy, 416 U.S. 134, 147–152, 154 (1974).

③ Cleveland Bd. of Educ. v. Londermill, 470 U.S. 532, 538–541, 561–563 (1985).

④ Richard J. Jr. Pierce, The Due Process Counterrevolution of the 1990s, 96 Colum. L. Rev. 1973, 1974 (1996).

宪法应当有效地回应社会环境变迁带来的相关问题。因此，政府通过各种方式给付 (largess) 公民的福利，应当成为受宪法保护的"财产权利"，而这些利益就是"新财产权"(the new property)。[①] 皮尔斯认为，莱克的学说直接在美国社会中催生了正当程序革命：青年学生和知识分子因其学说接受了社会革命的观念，而对越战的恐惧也使得中产阶级对这场革命产生了共鸣。最后，联邦最高法院也在 1970 年参与到革命中，并借助戈德博格案改写了宪法，将福利救济界定为"新财产权"。[②]

基于上述分析，皮尔斯认为，正当程序革命对美国意识形态和现实生活影响弊大于利。首先，"新财产权"的概念模糊了公私之别。这不仅使个人丧失了责任感并对政府产生依赖，更违背了"正当程序"条款的立法原意。其次，"新财产权"还促使民众对政府提出过度的权利要求。这相当于人为地制造了更多的公民与政府间的对立，也使政府承受了难以负担的重负。据此，皮尔斯认为，法律界应当抛弃莱克的"新财产权"理论，重拾传统的"权利"/"特权"二分法，作为解释正当程序条款的标准。因为，现有法律和规章的程序性保障，以及立法机关、行政机关的能动性，足以为所谓的"新财产权"提供有效的保护。[③]

在皮尔斯提出上述观点两年后，辛西娅·法雷纳 (Cynthia R. Farina) 则从更为宏观的角度分析了程序革命的历程和"新财产权"概念的产生。法雷纳认为，正当程序革命产生的根本原因在于，美国已经成为了现代行政国家。在现代化过程中，监管性国家随着集权程度的提升应运而生，并将监管渗透进公民生活的方方面面。例如，60 年代的"伟大社会"运动，极大地加深了政府对公民日常生活的控制。伴随着政府行政范围的扩大，公与私之间的摩擦急遽增长，诉讼也随之增多。在解决此类纠纷的过程中，法官们认为，传统的"权利"/"特权"二分法已经无法为受公权侵害的公民提供有效的救济。[①] 换言之，在标志着正当程序

---

① Charles A. Reich, The New Property, 73 Yale L.J. 733 (1964); Charles A. Reich, Individual Rights and Social Welfare: The Emerging Legal Issues, 74 Yale L.J. 1245 (1965).

② Richard J. Jr. Pierce, The Due Process Counterrevolution of the 1990s, 96 Colum. L. Rev. 1973, 1975–1976 (1996).

③ Richard J. Jr. Pierce, The Due Process Counterrevolution of the 1990s, 96 Colum. L. Rev. 1973, 1995–1998 (1996).

① See e.g., Bailey v. Richardson, 182 F.2d 46 (1950); Barsky v. Board of Regents, 347 U.S. 442 (1954); Slochower v. Board of Educ., 350 U.S. 551, 559 (1956); Greene v. McElroy, 360 U.S. 474, 508

革命开始的戈德伯格案之前，就已经有一系列判例阐述了这场革命的主要内容。因此，戈德伯格案不过是行政国家中法律发展的必然结果。

法雷纳还指出，莱克的"新财产权"理论不仅没有模糊"公共领域"和"私人领域"的界限，反而巩固了个人在现代行政国家中的独立地位。[②] 因此，皮尔斯误解了莱克的"新财产权"理论。在莱克的理论中，私有财产的功能在于保障公民个人相对于国家的独立身份，区分社会内部的公私领域，以实现维护公民自由的基本价值。然而，在监管性国家中，公民个人对于国家的人身依附日益加深，并越来越依赖政府给付，而非私有财产维持生活。政府虽然有权通过制定具体的政策实现自身价值，但该价值不应当损害其他价值，尤其是无可取代的个人的独立和自由。[③] 在现代化过程中，政府的给付应当发挥与传统的财产权相当的作用，以便在业已模糊的公私领域之间建立一个隔离带，保障公民独立。因此，执照、许可、赠与以及其他从监管性政府中得到的利益，都应当被重新定义为"财产"，并予以实质性和程序性的宪法保护。[④]

总之，不论是在微观层面，还是在宏观层面，"新财产权"概念的出现都极大地拓展了财产权的内涵和外延，并使之与行政权有了更紧密的联系。这就造成了两个结果：第一，"新财产权"概念的出现模糊了财产权原本较为清晰的形象。"新财产权"把政府通过各种方式给付公民的福利纳入了财产权的范围内，这使得它丧失了客观稳定的评价标准。政府给付公民的福利多数具有人身性，并且因时、因地、因势而易，因此，难以用"权利束"理论对其进行评价。第二，"新财产权"概念是司法征收产生的重要原因。很多"新财产权"基于赋权性的法律规范而产生。因此，以"新财产权"理论为标准，这些赋权法都具备财产法的属性。而美国的法院又可以通过司法审查改变这些规则，这就为征收条款适用于司法行为创造了条件。总之，"新财产权"理论给现代美国征收法体系的建构带来了巨大的挑战。

(1959).

② Cynthia R. Farina, On Misusing Revolution and Reform: Procedural Due Process and the New Welfare Act, 50 Admin. L. Rev. 591, 606–607 (1998).

③ Charles A. Reich, The New Property, 73 Yale L.J. 733, 774 (1964).

④ Charles A. Reich, The New Property, 73 Yale L.J. 733, 778, 785 (1964).

二、州立学院董事会诉罗斯案中的实证主义

在州立学院董事会诉罗斯案的判决中，联邦最高法院首次从程序性正当程序的角度解释了财产的含义。该案的法庭认为："程序性正当程序只能适用于联邦宪法第十四修正案所保护的自由和财产被剥夺的情形。"[1] 换言之，联邦最高法院若要以正当程序条款作为司法审查的依据，就必须事先查明有"自由"或"财产"受到了威胁。同时，罗斯案的法庭还认为，法院应当赋予"自由"和"财产"明确的内涵。总之，通过罗斯案，联邦最高法院表明，确定"财产"一词的含义是使用正当程序条款的必要前提。

罗斯案的判决之所以如此重视确定"自由"和"财产"的含义，是因为戈德伯格诉凯利案的判决对法院适用正当程序条款造成了负面的影响。在该案的判决中，法院因为过于尊重涉诉州复杂的听证程序，而模糊了宪法中正当程序的含义。质言之，戈德伯格案的判决过度扩张了程序性正当程序条款的适用范围。[2] 也正因如此，戈德伯格案才模糊了"权利"与"特权"之间的界限。此外，戈德伯格案的判决还明显地受到了查尔斯·莱克的"新财产权"理论的影响。[3] 而这极易使联邦最高法院遭受舆论的攻击，因为将"新财产权"理论写入判决等于是将"时髦的学术理论写入了宪法"。

如上文所述，法院在罗斯案的判决中追求"财产"的确切含义，实质上是为了进一步论证戈德伯格案结论的合法性。其中，最直接的证据莫过于法庭在确定"自由"和"财产"之含义时所采用的方法论。在判决中，罗斯案的法庭首先援引了一项 20 世纪 20 年代的先例，以确定"自由"的内涵。[4] 据此，法官们认为，正当程序条款中所指的"自由"都是"源自联邦宪法"的，而宪法中所记载的"自由"又深深地根植于美国的文化传统之中。[1]但是，在阐明"财产"的含义时，法官

---

① Board of Regents of State Colleges v. Roth, 408 U.S. 564, 569–570 (1972).

② Henry J. Friendly, Some Kind of Hearing, 123 U. Pa. L. Rev. 1267, 1273 (1975).

③ Goldberg v. Kerry, 397 U.S. at 262 n.8 (1970).

④ Meyer v. Nebraska, 262 U.S. 390, 399 (1923).

① See e.g., Meachum v. Fano, 427 U.S. 215, 226 (1976); Kentucky Dep't of Corrections v. Thompson, 490 U.S. 454, 460 (1989); Moore v. City of East Cleveland, 431 U.S. 494, 503 (1977).

们却采用了完全不同的方法，滑向了纯粹的实证主义。罗斯案的法庭意见写道：

当然，财产权并非由联邦宪法创造。相反，它们本身及其内涵与外延，都是由既有规则所创造或定义的。而这些规则通常都有独立的来源，例如州法律——它们保障了特定利益的安全，并且支持人们对于前述特定利益的权利请求。②

以上论述显然是以实证主义的方法定义财产权。同时，这也意味着正当程序条款也将被用于保护任何非宪法性法律所规定的个人获得"财产"的期间和条件。

通过将财产权与州法律等独立的来源相联系，罗斯案的判决拒斥了一种将新的"财产权"宪法化的方法，即联邦法官合法地运用自由裁量权，针对各种不同但相关的利益，经由论辩做出判决。然而，罗斯案的法庭却采取了拿来主义的态度，直接将已经为州法律或者联邦的非宪法性法律所承认并保护的利益当作"财产权"。此外，法院还认为，这些依程序产生的"新财产权"具备更强的客观性和明确性。③

总之，在罗斯案的判决中，联邦最高法院仅仅借助"诸如州法的独立来源"定义"财产权"，并且对于能够成为财产权的"特定权益"(entitlements) 不施加任何限制。这都表明，该案的法官采用了纯粹的实证主义方法来认定宪法财产权。然而，联邦宪法不仅对于认定宪法财产权未置一词，更不会要求法官从非宪法性法律中寻求宪法财产权。

三、超越实证主义：基于"财产"原始内涵的整合

如前文所述，斯卡利亚法官创设的司法征收规则深受"新财产革命"理论和实践的影响，其中罗斯案判决的影响最为直接。在重建海滩案和罗斯案中，虽然实施征收的主体不同，但所涉及的对象都不是传统的财产，而是以既有法律规范为基础的财产性权利。就重建海滩案的判决而言，斯卡利亚法官花费了大量的篇幅论证法院具备实施征收权的资格，但并没有阐明作为征收对象的"财产"的具体含义，这显然削弱了司法征收规则的说服力和可操作性。因此，本部分意在探

---

②　Board of Regents of State Colleges v. Roth, 408 U.S. 564, 577 (1972).

③　Frank I. Michelman, Property as a Constitutional Right, 38 Wash. & Lee L. Rev. 1097, 1100–1101 (1981).

明司法征收规则中"财产"所指的范围，以弥补前述缺陷。

在罗斯案中，法院仅凭实证主义的方法定义"财产权"，这就陷入了所谓的"实证主义陷阱"（the positivist trap）。① 它的出现主要是因为，法院将审判中定义"财产"的权力让渡给了行政机关。② 换言之，在罗斯案实证主义方法的影响下，法院不得不依据非宪法性法律，限制或者扩张"财产"的概念，这相当于摧毁了判断何为财产的客观标准，即联邦宪法对于财产的定义。罗斯案之后的司法实践则表明，联邦最高法院完全掉进了陷阱之中。首先，在罗斯案方法的影响下，法院不再援引宪法以解释"财产"。例如在阿内特案中，宪法和非宪法性法律对于"财产"的定义存在分歧，法院却援引非宪法性法律对"财产"的定义，而排除了判例法中财产规则的适用。其次，在罗斯案方法的影响下，即便缺乏非宪法性法律的支持，法院也倾向于援引"软规范"（soft norms）界定"财产"。③ 换言之，实证主义陷阱在实践中制造了过多的"财产"。

在征收法中，上述问题主要表现为，过于宽泛的财产概念和普通公民对于财产的认识之间的矛盾。实际上，这种矛盾的存在是必然的，因为法言法语中的用词经常与人们日常生活中所理解的含义存在分歧。那么，分歧的程度有多大就成了问题的关键。在财产征收领域中，受罗斯案判决影响的法院完全放弃了将宪法作为定义"财产"的依据，转而依赖州制定法等非宪法性法律。而鉴于联邦宪法在美国社会生活中的巨大影响力，当今法院过于实证主义的定义方法必然会与美国人日常所理解的宪法财产概念之间形成巨大的鸿沟。因此，若要增强司法征收规则的准确性和可操作性，就要对当代美国法中过于宽泛的"财产"概念进行限定。

通常而言，有三种可能的方式供法院选择，以确定"财产"的具体含义。④ 第一，"自然财产权"（natural property）的方法，即法院直接对联邦宪法进行文义解释，以确定财产权的含义。在传统的宪法理论中，联邦宪法被视为保护人类不

---

① Jerry L. Mashaw, Administrative Due Process: The Quest for a Dignitary Theory, 61 B.U. L. Rev. 885, 888 (1981).

② See, Edward L. Rubin, Due Process and the Administrative State, 72 Cal. L. Rev. 1044, 1091-1092 (1984).

③ 软规范是指，某些五名以上的法官都认为重要，但仍不足以被写进宪法或非宪法性法律的规范。See e.g., Goss v. Lopez, 419 U.S. 565 (1975); Parratt v. Taylor, 451 U.S. 527 (1981).

④ Thomas W. Merrill, The Landscape of Constitutional Property, 86 Va. L. Rev. 885, 942–943 (2000).

证自明，且不可让渡的自由权利的契约。与此类似，"自然财产权"方法要求法院将宪法看作保护人类不证自明的财产权利的契约。然而，这种确定财产权的方式并不能适应已经现代化的美国社会。如上文所述，在现代化的过程中，美国的法律界逐渐放弃了对自然法理论的坚持，而转向了更为实证主义和现实主义的法理学。换言之，早在罗斯案的规则出现以前，法院就已经将大部分财产权理解为一种实在法中的权利。因此，深受罗斯案影响的当代法院极难在短时间内抛弃实证主义的诸多理论，转而直接从宪法文本中"发现"一系列永恒不变的财产权。此外，这种方法自身也存在着严重的缺陷。财产是一个动态的制度，需因时而变以适应社会中不断革新的技术及不断变化的供需关系，而一种固守于宪法原旨的财产权定义是无法适应现代社会的需求的。[1]

第二，"纯粹的实证主义"(pure positivism) 的方法，即财产权由立法者通过制定法规定，且通常表现为受制定法保护的"合法的权利请求权"(legitimate claim of entitlement)。[2] 这种定义"财产"的方法正是现实主义法理学长期影响的结果，其在征收法领域的突出表现就是罗斯案的判决。根据这种方法，法律现实主义者主张以"权利束"(bundle of rights) 理论解释财产权，并认为其中任何一项权利都可以因时而定。[3]换言之，财产权利束中的各项权利可以被任意添加或去除，而不改变作为整体的"财产"的概念。诚如上文所言，纯粹实证主义方法彻底摧毁了判断财产权存在与否的客观标注，并使得法院在解释"财产"时陷入实证主义陷阱。

第三，"特有形式定义"(the patterning definition) 的方法，这是一种结合了上述两种方式优点的定义方法。根据此方法，法院在定义"财产"时，既应当尊重联邦宪法，同时还应当兼顾州制定法等非宪法性法律。首先，如同自然财产权方法一样，特有形式定义要求法院直接依据宪法规定阐释"财产"的含义。但是，法院并不应当从宪法文本中择出某些特定种类的利益作为宪法财产权，而应当从

---

[1]　Kenneth J. Vandevelde, The New Property of the Nineteenth Century: The Development of the Modern Concept of Property, 29 Buff. L. Rev. 325, 333–357 (1980).

[2]　Thomas W. Merrill, The Landscape of Constitutional Property, 86 Va. L. Rev. 885, 949–950 (2000).

[3]　Joan Williams, The Rhetoric of Property, 83 Iowa L. Rev. 277, 297 (1998).

中发现宪法传统的一般标准，以便将财产权同其他类型的利益区分开。其次，特有形式定义也极其重视州制定法等非宪法性法律对于财产权的规定。与纯粹实证主义方法不同，特有形式定义并不是要借用州法对于"财产"的定义，而是要审查州法中的定义是否与前述一般标准下的宪法财产权一致。由此可见，特有形式定义不仅可以消除罗斯案规则在学理上和实务中造成的混乱，还可以有效地保持法律的灵活性和稳定性之间的平衡。简言之，该方法在实证主义的世界中，重新建立了一种具有相对客观性的财产权判断标准。

总之，为了使司法征收规则具有可诉性，至少应当在概念层面重建确定"财产"之范围的基本标准。上述"特有形式定义"则是最为合适的选择。因为，它既可以避免实证主义对财产概念的模糊，又可以避免单纯依赖联邦宪法而造成的概念上的僵化。依据该标准，司法征收规则所指的"财产"应当同时具备以下三个属性，即排他性、抽象性[①]和不可撤销性。因此，在适用司法征收规则时，法院只能依据宪法和普通法确定"财产"的含义，而不能依据非宪法性的制定法。

---

① 所谓"抽象性"(discreteness) 是指，财产不仅应当具备法定的形式，还应当是其所在社会的经济参与者在频繁的经济交往中普遍承认的可偿债的资产。Thomas W. Merrill, The Landscape of Constitutional Property, 86 Va. L. Rev. 885, 974–978 (2000).

结　论

　　综上所述，美国征收法律制度的变迁是一个由简到繁的历史过程。市场与政治制度、法律思想之间的双向互动为该过程提供了最为主要的动力，而战争则是重要的催化剂。自殖民地时期借鉴英国征收法的制度要素，并形成了萌芽性质的征收性法律起，历经三百多年的发展，当代美国的征收法律制度已经成为以联邦宪法中的征收条款为核心，包括了国家征收、管理性征收和司法征收三种模式的法律规范的集合体。这是美国征收法不断回应社会现代化之需求的必然结果。同时，不断现代化的征收法律制度也有效地维护了财产秩序的稳定，为现代化的顺利发展提供了有利的条件。因此，通过对美国征收法律制度历史变迁的考察，可以得出以下结论：

　　第一，虽然美国是一个多法域国家，但征收法律制度具有高度的一致性。从前文的论述中不难发现，美国征收法的渊源主要包括联邦、州和地方立法机关的相关立法，以及法院以这些立法为基础，在案件纠纷中发展出的判例法规则。然而，这些庞杂的渊源并没有破坏征收法律制度的整体一致性，这主要是因为早期共同的法律实践和宪法中的征收条款发挥了重要的作用。美国征收法的历史源头可以追溯至英国的征收法，甚至是《大宪章》。在殖民时代早期，各殖民地为了处理殖民者之间具有征收性质的法律关系，大量借鉴了当时已经发展得相对成熟的英国征收法。其中，最为典型的两个例子就是当时广泛出现在各个殖民地的作坊法和公路法。然而，不论是作坊法还是公路法，都没能同时具备同时代英国征收法的三大基本要素，即由立法机关行使征收权，征收应当以实现公共利益为目标，被征收财产者应当获得合理赔偿。

　　在获得独立后，美国的"国父"们参与并领导了一系列制宪活动。以佛蒙特州和马萨诸塞州为代表，最初的 13 个州陆续制定了所谓的"征收条款"，以防止战时流行的褫夺公权法案死灰复燃。这些征收条款最直接的历史经验来自于殖民地时期各殖民地的征收性法律，而其文本上的渊源则可以追溯至 1215 年《大宪章》中的规定。简言之，作为美国征收法律制度核心的征收条款，在首次出现时就已经具备了高度的一致性。随后，在联邦制宪时，麦迪逊参考州宪法的立法实践，在联邦宪法中也加入了征收条款，以规范联邦征收权的行使。至此，联邦、州和地方层面的征收法律都有了有一致性宪法依据。总之，历史经验和法律文本的一致性，自始便赋予了美国征收法较为统一的体例结构，即合法的征收必须同时满足公共使用、合理赔偿与正当程序的要求。正是在这个统一的框架中，美国征收法律制度才最终成为了以联邦宪法中的征收条款为核心，包括了国家征收、管理性征收和司法征收三种模式的法律规范的集合体。

第二，美国征收法律制度历史变迁的动力来自于市场和社会制度之间的"双重动向"。波兰尼在其著作《巨变》中提出了"嵌含"的概念，并基于此演绎出了颇具说服力的"双重动向"论。该理论阐释了当代欧洲政治和经济是如何从近代制度中起源并发展的。但是，美国征收法律制度变迁过程的表明，"双重动向"论对该制度变迁也具有解释力。在市场和社会制度之间张力的作用下，美国征收法经历了两个大的发展阶段，即：(1) 从征收性法律到征收条款；(2) 从征收条款到国家征收、管理性征收和司法征收的复杂制度。在每个发展阶段，市场与政治制度、法律思想之间因"脱嵌"和"嵌含"所形成的张力都为制度的变迁提供了强劲的动力。

首先，在征收性法律发展到征收条款的阶段中，美国社会经历了土地商品化和政府初步介入市场的发展过程。丰富的土地资源、方便的获得渠道和粗陋的土地法都使美国的土地更容易成为波兰尼所言的"虚拟商品"。与同时代的英国相比较，美国人取得土地财产的成本更低，且法律对于土地自由流转的限制也更少。在这些因素共同作用下，美国逐渐形成了土地市场，并使工具主义的财产观念取代了绝对主义的财产观念。此外，独立战争的胜利更促使了土地市场摆脱地方性，进而扩展至全国。但是，土地市场的形成也对社会产生了明显的不利影响。一方面，政府和精英阶层利用征收性法律的漏洞，大肆利用市场机制获取普通公民的土地财产。这严重地破坏了财产秩序。另一方面，土地的自由流转极大地提高了奴隶制从蓄奴州向外扩散的可能性。这就有可能破坏新生共和国新建立的政治秩序。简言之，新生的土地市场已经出现了摆脱孕育它的社会的趋势，并试图以市场秩序取代既有的社会秩序。作为回应，美国的政治家们通过制定征收条款，弥补了征收性法律的漏洞，以规范征收行为，维护财产秩序。此外，他们还通过立法加强对市场的规制，防止奴隶制的扩散。

在征收条款诞生的过程中，与政治制度之更新同步的是法律思想的发展，这有效地缓解了市场与政治制度之间的张力。如同政治制度对市场"脱嵌"做出的反应，法律思想也为了阻止"脱嵌"而进行了自我更新。详言之，当时的美国法律思想对自然法的转世论的信仰，转变为了末世论。这意味着历史观念的产生，以及法律科学思想的萌芽。受前述因素的影响，法院在司法时能以更加能动和工具性的视角运用征收条款，并以此推动社会的进步，而不至于放任市场与政治制度之间的张力破坏既有的秩序。

其次，在现代征收法律制度构建的过程中，市场与政治制度、法律思想依旧是提供制度变迁动力、维护秩序稳定的主要因素。南北战争后，美国社会开始了现代化的进程。内战后的重建时期，全国性的统一的土地市场最终形成，并走向成熟。联邦重新获得统一，联邦政府也因此获得了更多的权力，并开始更为全面地履行政府职能。而法律思想则彻底摆脱了自然法的束缚，经由实证主义和科学主义而走向了现实主义。全国土地市场的统一和成熟带动了其他市场的发展，进而产生了一系列社会问题。为此，联邦政府开始尝试行使新获得的权力，以规范市场行为。已经世俗化了的法律思想，则急于在现实世界中找寻知识的客观基础，因为，再也不存在为所有社会关系提供统一解决方案的、永恒不变的自然法了。法理学家们不断更新法学的理论和方法，以应对层出不穷的社会关系。而正是这种互动为现代征收法律制度的构建提供了基本的社会条件。

在上述三个因素的共同作用下，美国很快便进入了工业化阶段。市场因"脱嵌"而产生的负面影响越来越显著，如垄断组织的出现和发展，这迫使美国政府，尤其是联邦政府进一步集权以规制市场。但是，这一时期法律思想和法律制度缓和张力的作用并非总是有效。国家征收的异化就是最为典型的例证。详言之，国家征收的现代建构就是古典的征收条款在现代社会中的运用，其实质就是征收权适用范围的扩大。历史地看，这种扩大是在市场"脱嵌"影响下的政治制度的回应，即公权力更多地渗透进私领域中。然而，由于政治制度反向的拉力过强，国家征收最终发生了异化，破坏了财产秩序。深层的原因在于，法律思想为了应对现代化危机，从现实主义转向了程序主义，导致法院过于克制，而无法有效减轻立法机关产生的反向拉力。此外，管理性征收产生和发展时，国家征收正处在扩张和异化的过程中，两者的时代背景大致相同。不同之处则在于，法院对待行政机关的态度更为强势，而没有如对待立法机关时那样克制。而对于司法征收，其产生实质上是当代联邦权力膨胀的必然结果。

总之，市场与社会制度之间的"双重动向"为美国征收法律制度的变迁提供了持续的动力。这点在美国社会由近代转向现代的时期体现得尤其明显，例如国家征收在这一时期从古典走向了现代，管理性征收也是在这一时期产生的。此外，法律思想作为一个相对独立的因素，成为了"双重动向"产生的张力的减压阀。它通过自身的更新，以及对"立法者"行动的指导，而使社会对新征收法的需求得以变为现实有效的法律制度，最终稳定了既有的社会秩序。最后，在现代化过程中，美国的政治权力不断向联邦政府集中。在三支式的政府结构中，这意味着每个部门的权力都得到了扩大。换言之，立法、行政和司法部门对于私领域的影响也在扩大。这实际上为现代征收法中三种基本模式的诞生提供了坚实的权力基础。在前述因素的合力作用下，最终形成了当今国家征收、管理性征收和司法征收先后诞生、并行发展的局面。

参考文献

（一）著作类

[1] 何俊志，任军锋，朱德米，等编译 . 新制度主义政治学译文精选 [M]. 天津：天津人民出版社，2007.

[2] 晏绍祥 . 古典民主与共和传统（上下卷）[M]. 北京：北京大学出版社，2013.

[3] 王希 . 原则与妥协：美国宪法的精神与实践 [M]. 北京：北京大学出版社，2013.

[4] 卢超 . 规制、司法与社会团结：美国土地开发负担政策的考察 [M]. 上海：上海人民出版社，2016.

[5] 李猛 . 自然社会：自然法与现代道德世界的形成 [M]. 北京：三联出版社，2015.

[6] 费恩塔克 . 规制中的公共利益 [M]. 戴昕，译，龚捷，校 . 北京：中国人民大学出版社，2014.

[7] 艾珀斯坦 . 征收：私人财产和征用权 [M]. 李昊，刘刚，瞿小波，译 . 北京：中国人民大学出版社，2011.

[8] 梅特兰 . 英格兰宪政史 [M]. 李红海，译 . 北京：中国政法大学出版社，2010.

[9] 赫尔德 . 民主的模式 [M]. 燕继荣，等译，王浦劬校 . 北京：中央编译出版社，2008.

[10] 霍维茨 . 美国法的变迁：1780—1860[M]. 谢鸿飞，译 . 北京：中国政法

大学出版社，2004.

[11] 克利贝特等.财产法：案例与材料 [M].齐东祥，等译.北京：中国政法大学出版社，2003.

[12] 阿诺德.美国国会行动的逻辑 [M].邓友平，译.上海：上海三联书店，2010.

[13] 亨廷顿.变化社会中的政治秩序 [M].王冠华，等译.上海：上海人民出版社，2008.

[14] 戈登.控制国家 [M].应奇，等译.南京：江苏人民出版社，2008.

[15] 威特.宗教与美国宪政经验 [M].宋华琳，译.上海：上海三联书店，2011.

[16] 布雷耶.规制及其改革 [M].李洪雷，等译.北京：北京大学出版社，2008.

[17] 麦迪逊.辩论：美国制宪会议记录 [M].尹萱，译.南京：译林出版社，2014.

[18] 梯利.西方哲学史 [M].葛力，译.北京：商务印书馆，1995.

[19] 波兰尼.巨变：当代政治与经济的起源 [M].黄树民，译.北京：社会科学文献出版社，2013.

[20] 贝林.美国革命的思想意识渊源 [M].涂永前，译.北京：中国政法大学出版社，2007.

[21] 考文.美国宪法的"高级法"背景 [M].强世功，李强，译.北京：北京大学出版社，2015.

[22](美国) 约瑟夫·威廉·辛格.财产法（案例举要系列）[M].北京：中信出版社，2003.

[23] 杰弗逊.杰弗逊政治著作选（影印本）[M].北京：中国政法大学出版社，2003.

[24] 霍姆斯.普通法 [M].冉昊，姚中秋，译.北京：中国政法大学出版社，2006.

[25] 萨托利.民主新论 [M].冯克利，阎克文，译.上海：上海人民出版社，

2010.

[26] 哈德森 . 英国普通法的形成 [M]. 刘四新，译 . 北京：商务印书馆，2006.

[27] 汉密尔顿等 . 联邦论 [M]. 尹萱，译 . 南京：译林出版社，2010.

[28] 霍夫施塔特 . 美国政治传统及其缔造者 [M]. 崔永禄，王忠和，译 . 北京：商务印书馆，2010.

[29] 施瓦茨 . 美国法律史 [M]. 王军，等译 . 北京：法律出版社，2011.

[30] 波考克 . 古代宪法与封建法 [M]. 翟小波，译 . 南京：译林出版社，2014.

[31] 卢埃林 . 普通法传统 [M]. 陈绪纲，等译 . 北京：中国政法大学出版社，2002.

[32] 庞德 . 通过法律的社会控制 [M]. 沈宗灵，译 . 北京：商务印书馆，2010.

[33] 布莱斯特，列文森 . 宪法决策的过程：案例与材料（上下册）[M]. 张千帆，等译 . 北京：中国政法大学出版社，2002.

[34] 菲尔德曼 . 从前现代主义到后现代主义的美国法律思想 [M]. 李国庆，译 . 北京：中国政法大学出版社，2005.

[35] 斯托林 . 反联邦党人赞成什么：宪法反对者的政治思想 [M]. 王庆华，译 . 北京：北京大学出版社，2006.

[36] 诺斯 . 制度、制度变迁与经济绩效 [M]. 杭行，译 . 上海：格致出版社·上海三联书店·上海人民出版社，2008.

[37] 诺斯 . 理解制度变迁的过程 [M]. 钟正生，等译 . 北京：中国人民大学出版社，2008.

[38] 艾特曼 . 利维坦的诞生 [M]. 郭台辉，译 . 上海：上海人民出版社，2010.

[39] 奥格斯 . 规制：法律形式与经济学理论 [M]. 骆梅英，译 . 北京：中国人民大学出版社，2008.

[40] 弗里德曼 . 美国法律史 [M]. 苏彦新，等译 . 北京：中国社会科学出版社，2007.

[41] 庞德 . 普通法的精神 [M]. 唐前宏，等译 . 北京：法律出版社，2010.

[42] 斯普兰克林 . 美国财产法精解 [M]. 钟书峰，译 . 北京：北京大学出版社，2009.

[43] 曼德克 . 美国土地管理利用：案例与法规 [M]. 郧文聚、段文技，等译 . 北京：中国农业大学出版社，2014.

[44] 劳森，拉登 . 财产法 [M]. 施天涛、梅慎实、孔祥俊，译 . 北京：中国大百科全书出版社，1998.

[45] 密尔 . 詹姆斯·密尔政治著作选(影印本)[M]. 北京：中国政法大学出版社，2003.

[46] 潘恩 . 潘恩政治著作选（影印本）[M]. 北京：中国政法大学出版社，2003.

[47] 麦基文 . 美国革命的宪法观 [M]. 田飞龙，译 . 北京：北京大学出版社，2014.

[48] 塞德曼 . 未定案的宪法：宪政主义和司法审查的新辩护[M]. 杨智杰,译. 北京：中国政法大学出版社，2014.

[49] 罗门 . 自然法的观念史和哲学 [M]. 姚中秋，译 . 上海：上海三联书店，2007.

[50] 赞德 . 英国法：议会立法、法条解释、先例原则及法律改革[M]. 江辉,译. 北京：中国法制出版社，2014.

[51] 伯恩哈特，伯克哈特 . 不动产 [M]. 钟书峰，译 . 北京：法律出版社，2005.

[52] 布尔斯廷 . 美国人：殖民地历程 [M]. 时殷弘、谢延光等，译 . 上海：上海译文出版社，2012.

[53] 布尔斯廷 . 美国人：建国的历程 [M]. 时殷弘、谢延光等，译 . 上海：上海译文出版社，2012.

[54] 布尔斯廷 . 美国人：民主的历程 [M]. 时殷弘、谢延光等，译 . 上海：上海译文出版社，2012.

[55] 阿蒂亚，萨默斯 . 英美法中形式与实质 [M]. 金敏，等译 . 北京：中国政法大学出版社，2005.

[56] 艾德斯，梅 . 美国宪法：个人权利案例与解析 [M]. 项焱，译 . 北京：商务印书馆，2014.

[57] 卡尔霍恩 . 卡尔霍恩文集（上下册）[M]. 林国荣，译 . 南宁：广西师范大学出版社，2015.

[58] 考文 . 司法审查的起源 [M]. 徐爽，译 . 北京：北京大学出版社，2015.

[59] 布莱克斯通 . 英国法释义（第一卷）[M]. 游云庭、缪苗，译 . 上海：上海人民出版社，2006.

[60] 卡拉布雷西 . 美国宪法的原旨主义 [M]. 李松锋，译 . 北京：当代中国出版社，2014.

[61] 施特劳斯 . 自然权利与历史 [M]. 彭刚，译 . 北京：三联书店，2016.

[62] 波斯纳 . 法律与社会规范 [M]. 沈明，译 . 北京：中国政法大学出版社，2004.

[63] 柯武刚，史漫飞 . 制度经济学——社会秩序与公共政策 [M]. 韩朝华，译 . 北京：商务印书馆，2000.

[64] 科斯 . 企业、市场与法律 [M]. 盛洪，等译 . 上海：上海三联书店，1990.

[65] 威尔逊 . 美国宪法释论 [M]. 李洪雷，译 . 北京：法律出版社，2014.

[66] 斯托纳 . 普通法与自由主义理论 [M]. 姚中秋，译 . 北京：北京大学出版社，2005.

[67]Alfred M. Olivetti Jr., Jeff Worsham, This Land is Your Land, This Land is My Land: The Property Rights Movement and Regulatory Takings, LFB Scholarly Publishing LLC (2003).

[68]Bryn Perrins, Understanding Land Law, Cavendish Publishing Limited (2000).

[69]Edited by Bruce L. Benson, Property Rights: Eminent Domain and Regulatory Takings Re-Examined, Palgrave Macmillan (2010).

[70]Edited by Michael Grossberg & Christopher Tonlins, The Cambridge History of Law in America vol 1, (Cambridge University Press, 2008).

[71]Edited by Michael Grossberg & Christopher Tonlins, The Cambridge History of Law in America vol 2, (Cambridge University Press, 2008).

[72]Edited by Michael Grossberg & Christopher Tonlins, The Cambridge History of Law in America vol 3, (Cambridge University Press, 2008).

[73]G. Edward White, American Legal History: A Very Short History, Oxford University Press (2014).

[74]Gary M. Walton & Hugh Rockoff, History of the American Economy:Eleventh Edition, (South—Western, Cengage Learning, 2010).

[75]James L. Huffman, Private Property and the Constitution: State Powers, Public Rights and Economic Liberties, Palgrave Macmillan (2013).

[76]John Finnis, Natural Law and Natural Rights, Oxford University Press (2011).

[77]Kunal M. Parker, Common Law, history and Democracy in America 1790–1900, Cambridge University Press (2011).

[78]Michael P. Zuckert, Natural Rights and the New Republicanism, Princeton University Press (1994).

[79]Morton J. Horwitz, The Transformation of American law, 1780–1860, Cambridge, Massachusetts, and London, England: Harvard University Press, 1977.

[80]Richard A. Epstein, Takings: Private Property and the Power of Eminent Domain, Harvard University press (1985).

[81]Robert G. McCloskey, The American Supreme Court, The University of Chicago Press (2010).

[82]Rutherford H. Platt, Land Use and Society: Geography, Law, and Public Policy, Island Press (2004).

[83]Susan Reynolds, Before Eminent Domain: Toward a History of Expropriation of Land for the Common Good, The University of North Carolina Press (2010).

[84]W. M. Blackstone, Commentaries on the Laws of England Vol. 1, (Portland, Thmas B. Wait CO.,1807).

[85]W. M. Blackstone, Commentaries on the Laws of England Vol. 2, (Portland, Thmas B. Wait CO.,1807).

[86]W. M. Blackstone, Commentaries on the Laws of England Vol. 3, (Portland, Thmas B. Wait CO.,1807).

[87]W. M. Blackstone, Commentaries on the Laws of England Vol.4, (Portland, Thmas B. Wait CO.,1807).

（二）期刊论文类

[1] 王铁雄.布莱克斯通与美国财产法个人绝对财产权观 [J]. 比较法研究，2009（4）.

[2] 仝宗锦.布莱克斯通法律哲学的两张面孔 [J]. 清华法治论衡，第 5 辑。

[3] 焦海博，范进学.美国法律的工具主义改革及其启示 [J]. 学习与探索，2012(2).

[4] 李红海."水和油"抑或"水与乳"：论英国普通法与制定法的关系 [J]，中外法学，2011(2).

[5] 余忠尧.简述美国宪法"公共使用"条款 [J]. 中国司法，2008（4）.

[6] 王铁雄.财产法：走向个人与社会的利益平衡——审视美国财产法理念的变迁路径 [J]. 环球法律评论，2007（1）.

[7] 王铁雄.洛克与美国财产法个人自然财产权观 [J]. 甘肃政法学院学报，2011（1）.

[8] 王铁雄.美国财产法理论的历史基础 [J]. 宁夏社会科学，2010（2）.

[9] 许胜.美国宪法中财产权的发展及意义 [J]. 延边大学学报 (社会科学版)，2003,36（4）.

[10][美] 卡尔文·达伍德，威廉·布莱克斯通与英美法理学 [J]. 张志铭译.南京大学法律评论，1996 年秋季号.

[11]Abraham Bell & Gideon Parchomovsky, Givings, 111 Yale L.J. 547 (2001).

[12]Albert W. Alschuler, Rediscovering Blacstone, 145 U. Pa.L. Rev. 1 (1996).

[13]Alberto B. Lopez, Weighing and Reweighing Eminent Domain's Political Philosophies Post–Kelo, 41 Wake Forest L. Rev.(2006).

[14]Alex C. Sellke, Property: Eminent Domain and Restoring Access To Parcels Isolated by Highway Reconstruction: Finding The Public Use–State Ex. Rel. Commissioner Of Transportation V. Kettleson, 39 Wm. Mitchell L. Rev. 336 (2012).

[15]Alexander B. Lutzky, In Pursuit of Just Compensation in Texas: Assessing Damages in Takings Cases Using the Property's Tax–Appraised Value, 46 St. Mary's L.J. 105 (2014).

[16]Andrew W. Schwartz, No Competing Theory of Constitutional Interpretation Justifies Regulatory Takings Ideology, 34 Stan. Envtl. L.J. 247 (2015).

[17]Buckner F. Melton, Jr., Eminent Domain, "Public Use," and the Conundrum Of Original Intent, 36 Nat. Resources J. 59 (1996).

[18]Barton H. Thompson, Jr., Judicial Takings, 76 Va. L. Rev. 1449 (1990).

[19]Bernard H. Siegan, Non-Zoning is the Best Zoning, 31 Cal. W. L. Rev. 127 (1994).

[20]Bethany Berger, Wesley Horton, etc., Selected Proceedings of the Twentieth Annual Thomas R. Gallivan Jr. Conference- Kelo: A Decade Later, 47 Conn. L. Rev. 1433 (2015).

[21]Bradley C. Karkkainen, Zoning: A Reply to the Critics, 10 J. Land Use & Envtl. L. 45 (1994).

[22]Carol M. Rose, Energy and Efficiency in the Realignment of Common-Law Water Rights, 19 J. Legal Stud. 261(1990).

[23]Carol M. Rose, Mahon Reconstructed: Why The Takings Issue is still s Muddle, 57 S. Cal. L. Rev. 561 (1984).

[24]Carol M. Rose, What Federalism Tells Us about Takings Jurisprudence, 54 UCLA L. Rev. 1681 (2007).

[25]Christina M. Martin, Nollan and Dolan and Koontz-Oh My! The Exactions Trilogy Requires Developers to Cover the Full Social Costs of Their Projects, but no More, 51 Willamette L. Rev. 39 (2014).

[26]Christopher Serkin, Existing Uses and the Limits of Land Use Regulations, 84 N.Y.U. L. Rev. 1222 (2009).

[27]Christopher Serkin, Transition Relief from Judge-Made Law: The Incentives of Judicial Takings, 21 Widener L.J. 777 (2012).

[28]Daniel H. Cole, Why Kelo is not Good News for Local Planners and Developers, 22 Ga. St. U. L. Rev. 803 (2006).

[29]Daniel R. Mandelker, Investment-Backed Expectations in Taking Law, 27 Urb.

Law. 215 (1995).

[30]David L. Callies, Through a Glass Clearly: Predicting the Future in Land Use Takings Law, 54 Washburn L.J. 43 (2014).

[31]Denise R. Johnson, Reflections on the Bundle of Rights, 32 Vt. L. Rev. 247 (2007).

[32]Duane L. Ostler, Bills of Attainder and the Formation of the American Takings Clause at the Founding of the Republic, 32 Campbell L. Rev. 227 (2010).

[33]Eduardo M. Peñalver & Lior Jacob Strahilevitz, Judicial Takings or Due Process, 97 Cornell L. Rev. 305 (2012).

[34]Daniel B. Kelly, The "Public Use" Requirement in Eminent Domain Law: A Rationale Based on Secret Purchases and Private Influence, 92 Cornell L. Rev. 1 (2006).

[35]Emily A. Johnson, Reconciling Originalism and the History of the Public Use Clause, 79 Fordham L. Rev. 265 (2010).

[36]Frank I. Michelman, Property, Utility, and Fairness: Comments On the Ethical Foundations of "Just Compensation" Law, 80 Harv. L. Rev. 1165 (1967).

[37]Harvard Law Review, Judicial Takings, 124 Harv. L. Rev. 299 (2010).

[38]Harvard Law Review, Takings Clause-Regulatory Takings-Horne V. Department of Agriculture, 129 Harv. L. Rev. 261 (2015).

[39]Ilya Somin, Stop the Beach Renourishment and the Problem of Judicial Takings, 6 Duke J. Const. L. & Pub. Pol'y 91 (2011).

[40]Ilya Somin, The Limits of Backlash: Assessing The Political Response to Kelo, 93 Minn. L. Rev. 2100 (2009).

[41]J. Peter Byrne, Ten Arguments for the Abolition of the Regulatory Takings Doctrine, 22 Ecology L.Q. 89 (1995).

[42]James E. Holloway & Donald C. Guy, The Use of Theory Making and Doctrine Making of Regulatory Takings Theory to Examine the Needs, Reasons, and Arguments to Establish Judicial Takings Theory, 14 Fla. Coastal L. Rev. 191 (2013).

[43]Janet Elizabeth Haws, Architecture as Art? Not in My Neocolonial Neighborhood:

A Case for Providing First Amendment Protection to Expressive Residential Architecture, 2005 B.Y.U. L. Rev. 1625 (2005).

[44]Jeffrey M. Gaba, John Locke and the Meaning of the Takings Clause, 72 Mo. L. Rev. 525(2007).

[45]John D. Echeverria, Koontz: The Very Worst Takings Decision Ever, 22 N.Y.U. Envtl. L.J. 1 (2014).

[46]John D. Echeverria, Stop the Beach Renourishment: Why the Judiciary is Different, 35 Vt. L. Rev. 475 (2010).

[47]John F. Hart, Colonial Land Use Law and Its Significance for Modern Takings Doctrine, 109 Harv. L. Rev. 1252 (1996).

[48]John F. Hart, Land Use Law in the Early Republic and the Original Meaning of the Takings Clause, 94 Nw.U.L.Rev. 1099, 1116 (2000).

[49]John F. Hart, Property Rights, Costs, And Welfare: Delaware Water Mill Legislation,1719-1859, 27 J. Legal Stud. 455 (1998).

[50]John G. Sprankling, The Property Jurisprudence of Justice Kennedy, 44 McGeorge L. Rev. 61 (2013).

[51]John Martinez, A Cognitive Science Approach to Takings, 49 U.S.F. L. Rev. 469 (2015).

[52]Joseph J. Lazzarotti, Public Use or Public Abuse, 68 UMKC L. Rev. 49 (1999).

[53]Joseph L. Sax, Takings and The Police Power, 74 Yale L. J. 36 (1964).

[54]Joseph William Singer, Property as the Law of Democracy, 63 Duke L.J. 1287 (2014).

[55]Julia D. Mahoney, Kelo's Legacy: Eminent Domain and The Future of Property Rights, 2005 Sup. Ct. Rev. 103 (2005).

[56]Kevin P. Arlyck, What Commonwealth v. Alger Cannot Tell Us about Regulatory Takings, 82 N.Y.U. L. Rev. 1746 (2007).

[57]Kristin N. Ward, The Post-Koontz Landscape: Koontz's Shortcomings and How to Move Forward, 64 Emory L.J. 129 (2014).

[58]Laura S. Underkuffler, Property and Change: The Constitutional Conundrum, 91 Tex. L. Rev. 2015 (2013).

[59]Lee Anne Fennell, Picturing Takings, 88 Notre Dame L. Rev. 57 (2012).

[60]Lior J. Strahilevitz, When the Taking Itself is Just Compensation, 107 Yale L.J. 1975 (1998).

[61]Mark W. Cordes, The Land Use Legacy of Chief Justice Rehnquist and Justice Stevens: Two Views on Balancing Public and Private Interests in Property, 34–FALL Environs Envtl. L. & Pol'y J. 1 (2010).

[62]Nathan Alexander Sales, Classical Republicanism and the Fifth Amendment's "Public Use" Requirement, 49 Duke L.J. 339 (1999).

[63]Nestor M. Davidson, Judicial Takings and State Action: Rereading Shelley after Stop the Beach Renourishment, 6 Duke J. Const. L. & Pub. Pol'y 75 (2011).

[64]Patricia E. Salkin, From Euclid to Growing Smart: The Transformation of the American Local Land Use Ethic into Local Land Use and Environmental Controls, 20 Pace Envtl. L. Rev. 109 (2002).

[65]Peter G. Sheridan, Kelo v. City of New London: New Jersey's Take on Takings, 37 Seton Hall L. Rev. 307 (2007).

[66]Philip Nichols, Jr., The Meaning of Public Use in the Law of Eminent Domain, 20 B.U. L. Rev. 615(1940).

[67]Randy J. Bates, II, What's the Use? The Court Takes a Stance on the Public Use Doctrine in Kelo v. City of New London, 57 Mercer L. Rev. 689 (2006).

[68]Raymond R. Coletta, Reciprocity of Advantage and Regulatory Takings: Toward a New Theory of Takings Jurisprudence, 40 Am. U. L. Rev. 297 (1990).

[69]Richard A. Epstein, A Conceptual Approach to Zoning: What's Wrong with Euclid, 5 N.Y.U. Envtl. L.J. 277 (1996).

[70]Robert H. Thomas, Recent Developments in Regulatory Takings Law: What Counts As "Property?", 34 No. 9 Zoning and Planning Law Report 1 (2011).

[71]Robert K. Fleck and F. Andrew Hanssen, Repeated Adjustment of Delegated

Powers and the History of Eminent Domain, 30 Int'l Rev. L. & Econ. 99 (2010).

[72]Ronald H. Rosenberg, The Non-Impact of the United States Supreme Court Regulatory Takings Cases on the State Courts: Does the Supreme Court Really Matter, 6 Fordham Envtl. L.J. 523 (1995).

[73]Samuel D. Warren & Louis D. Brandeis, The Law of Ponds, 3 Harv. L. Rev. 1 (1889).

[74]Sean F. Nolon, Bargaining for Development Post-Koontz: How the Supreme Court Invaded Local Government, 67 Fla. L. Rev. 171 (2015).

[75]Shaun A. Goho, Process-Oriented Review and the Original Understanding of the Public Use Requirement, 38 Sw. L. Rev. 37 (2008).

[76]Sidney F. Ansbacher, Kristen G. Juras, Robert K. Lincoln, Stop the Beach Renourishment Stops Private Beachowners' Right to Exclude the Public, 12 Vt. J. Envtl. L. 43 (2010).

[77]Sonya D. Jones, That Land is your Land, This Land is My Land. . .Until the Local Government Can Turn It for a Profit: a Critical Analysis of Kelo v. City of New London, 20 BYU J. Pub. L. 139 (2005).

[78]Steven C. Begakis, Stop the Reach: Solving The Judicial Takings Problem by Objectively Defining Property, 91 Notre Dame L. Rev. 1197 (2016).

[79]Steven J. Eagle, Judicial Takings and State Takings, 21 Widener L.J. 811 (2012).

[80]Steven J. Eagle, Public Use in the Dirigiste Tradition: Private and Public Benefit in an Era of Agglomeration, 38 Fordham Urb. L.J. 1023 (2011).

[81]Susan Katcher, Legal Training in the United States: A Brief History, 24 Wis. Int' l. L. J. 335 (2006).

[82]Robert Brauneis, "The Foundation of Our 'Regulatory Takings' Jurisprudence": The Myth and Meaning of Justice Holmes's Opinion in Pennsylvania Coal Co. V. Mahon, 106 Yale L.J. 613 (1996).

[83]Thomas G. Sprankling, Does Five Equal Three? Reading the Takings Clause in Light of the Third Amendment' s Protection of Houses, 112 Colum. L. Rev. 112 (2012).

[84]Thomas J. Miceli, Kathleen Segerson, The Economics Of Eminent Domain: Private Property, Public Use, And Just Compensation, Foundations and Trends in Microeconomics 3:4 (2007).

[85]Thomas W. Merrill, Anticipatory Remedies for Takings, 128 Hrv. L. Rev. 1630 (2015).

[86]Thomas W. Merrill, Property and the Right to Exclude, 77 Neb. L. Rev. 730 (1998).

[87]Thomas W. Merrill, Supreme Court Considers the Judicial Takings Doctrine in Beach Restoration Case, 42 No. 1 ABA Trends 12 (2010).

[88]Thomas W. Merrill, The Economics of Public Use, 72 Cornell L. Rev. 61 (1986).

[89]Thomas W. Merrill, The Landscape of Constitutional Property, 86 Va. L. Rev. 885 (2000).

[90]William B. Stoebuck, A General Theory of Eminent Domain, 47 Wash. L. Rev. 553 (1972).

[91]William Baude, Rethinking The Federal Eminent Domain Power, 122 Yale L.J. 1738 (2013).

[92]William Michael Treanor, The Original Understanding of the Takings Clause and the Political Process, 95 Colum. L. Rev. 782(1995).

[93]William Michael Treanor, The Origins and Original Significance of the Just Compensation Clause of the Fifth Amendment, 94 Yale L.J. 694 (1985).

[94]Yale Law Journal, The Public Use Limitation on Eminent Domain: An Advance Requiem, 58 Yale L.J. 599 (1949).

（三）法院判例

[1]Head v. Amoskeag Manuf'g Co., 113 U.S. 9 (1885).

[2]Stowell v. Flagg, 11 Mass. 364 (1814).

[3]Bloodgood v. Mohawk & Hudson R.R. Co., 18 Wend. 9 (1837).

[4]Tyler v. Beacher, 44 Vt. 648 (1871).

[5]Ryerson v. Brown, 35 Mich. 333 (1877).

[6]Kaiser Aetna v. Unitede States, 444 U.S. 164 (1979).

[7]Mississippi v. Johnson, 71 U.S. 475 (1866).

[8]Georgia v. Stanton, 73 U.S. 50 (1867).

[9]Ex parte McCardle, 73 U.S. 318 (1867).

[10]The Slaughterhouse Cases, 83 US 36 (1872).

[11]Champion v. Ames 188 US 321 (1903).

[12]Kohl v. United States, 91 U.S. 367 (1875).

[13]John Pollard v. John Hagan, 44 U.S. 212 (1845).

[14]Goodtitle v. Kibbe, 50 U.S. 471 (1850).

[15]Fallbrook Irrigation District v. Bradley, 164 U.S. 112 (1896).

[16]Clark v. Nash, 198 U.S. 361 (1905).

[17]Strickley v. Highland Boy Gold Mining Company, 200 U.S. 527 (1906).

[18]Berman v. Parker, 348 U.S. 26 (1954).

[19]Hawaii Housing Authority v. Midkiff, 467 U.S. 229 (1984).

[20]Poletown Neighborhood Council v. City of Detroit, 410 Mich. 616 (1981).

[21]County of Wayne v. Hathcock, 471 Mich. 445 (2004).

[22]Home Bldg. & Loan Ass'n v. Blaisdell, 290 U.S. 398 (1934).

[23]West Coast Hotel Co. v. Parrish, 300 U.S. 379 (1937).

[24]National Labor Relations Board v. Jones and Laughlin Steel Corp. 301 U.S. 1 (1937).

[25]Stewart Machine Co. v. Davis 301 U.S. 548 (1937).

[26]Kelo v. City of New London, 545 U.S. 469 (2005).

[27]Fallbrook Irrigation Dist. v. Bradley, 164 U.S. 112 (1896).

[28]Calder v. Bull, 3 U.S. 386, 3 Dall. 386 (1798).

[29]Pennsylvania Coal Co. v. Mahon, 260 U.S. 3933 (1922).

[30]Munn v. Illinois, 94 U.S. 113 (1876).

[31]Penn Central Transportation Co. v. New York City, 438 U.S. 104 (1978).

[32]Keystone Bituminous Coal Ass' n. v. DeBenedictis 480 U.S. 470 (1987).

[33]Village of Euclid v. Ambler Realty Co., 272 U.S. 365 (1926).

[34]Nectow v. City of Cambridge, 277 U.S. 183 (1928).

[35]United States v. General Motors Corp., 323 U.S. 373 (1945).

[36]Stromberg v. California, 283 U.S. 359 (1931).

[37]Powell v. Alabama, 287 U.S. 45 (1932).

[38]Palko v. Connecticut, 302 U.S. 319 (1937).

[39]Brown v. Bd. of Ed. of Topeka, Shawnee Cty., Kan., 347 U.S. 483 (1954).

[40]Loretto v. Teleprompter Manhattan CATV Corp., 458 U.S. 419, 426 (1982).

[41]United States v. Sioux Nation of Indians 488 U.S. 371 (1980).

[42]Lucas v. South Carolina Coastal Council, 505 U.S. 1003 (1992).

[43]Tahoe-Sierra Preservation Council, Inc. V. Tahoe Regional Planning Agency, 535 U.S. 302 (2002).

[44]Palazzolo v. Rhode Island, 535 U.S. 606 (2001).

[45]Hunziker v. State, 519 N.W.2d 367 (1994).

[46]Nollan v. California Coastal Commission, 483 U.S. 825 (1987).

[47]Blue Jeans Equities West v. City & County of San Francisco, 4 Cal. Rptr. 2d 114 (Ct. App. 1992).

[48]Dolan v. City of Tigard, 512 U.S. 374 (1994).

[49]City of Monterey v. Del Monte Dunes, 526 U.S. 687, 702 (1999).

[50]Stop the Beach Renourishment v. Fla. Dep't of Envtl. Prot., 130 S. Ct. 2592 (2010).

[51]Webb's Fabulous Pharmacies, Inc. v. Beckwith, 449 U.S. 155 (1980).

[52]Albright v. Oliver, 510 U.S. 266 (1994).

[53]Pumpelly v. Green Bay Co., 13 Wall. 166 (1872).

[54]United States v. Causby, 328 U.S. 256, (1946).

[55]United States ex rel. Tennessee Valley Authority v. Welch 327 U.S. 546 (1946).

[56]First English Evangelical Lutheran Church of Glendale v. County of Los Angeles,

482 U.S. 304 (1987).

[57]Armstrong v. United States, 364 U.S. 40 (1960).

[58]Lehman Bros. v. Schein, 416 U.S. 386 (1974).

[59]Allen v. McCury, 449 U.S. 90 (1980).

[60]Riley v. Kennedy, 128 S. Ct. 1970 (2008).

[61]Pa. Coal Co. v. Sanderson, 6 A. 453 (1886).

[62]State ex rel. Thornton v. Hay, 462 P.2d 671 (1969).

[63]Board of Regents of State Colleges v. Roth, 408 U.S. 564 (1972).

[64]Philips v. Washington Legal Foundation, 524 U.S. 156 (1998).

[65]College Savings Bank v. Florida Prepaid Postsecondary Educ. Expense Bd., 527 U.S. 666 (1999).

[66]Fitzpatrick v. Bitzer, 427 U.S. 445 (1976).

[67]Goldberg v. Kerry, 397 U.S. 254 (1970).

[68]Arnett v. Kennedy, 416 U.S. 134 (1974).

[69]Cleveland Bd. of Educ. v. Londermill, 470 U.S. 532 (1985).

[70]Bailey v. Richardson, 182 F.2d 46 (1950).

[71]Barsky v. Board of Regents, 347 U.S. 442 (1954).

[72]Slochower v. Board of Educ., 350 U.S. 551 (1956).

[73]Greene v. McElroy, 360 U.S. 474 (1959).

[74]Meyer v. Nebraska, 262 U.S. 390 (1923).

[75]Meachum v. Fano, 427 U.S. 215 (1976).

[76]Kentucky Dep't of Corrections v. Thompson, 490 U.S. 454 (1989).

[77]Moore v. City of East Cleveland, 431 U.S. 494 (1977).

[78]Goss v. Lopez, 419 U.S. 565 (1975).

[79]Parratt v. Taylor, 451 U.S. 527 (1981).